Meine ersten zwölf Erfindungen

René van
der Velde

MEINE ERSTEN

12

Aus dem Niederländischen
von Andrea Kluitmann

Mit Illustrationen von
Georgien Overwater

ERFINDUNGEN

CARLSEN

CARLSEN-Newsletter: Tolle Lesetipps kostenlos per E-Mail!
Unsere Bücher gibt es überall im Buchhandel und auf carlsen.de.

Alle deutschen Rechte CARLSEN Verlag GmbH, Hamburg 2015
Originalcopyright Text: © 2012 by René van der Velde
Originalcopyright Illustrationen: © 2012 by Georgien Overwater
Originalverlag: Uitgeverij Ploegsma B.V., Amsterdam
Originaltitel: Stijn, uitvinder
Umschlagtypografie: formlabor
Aus dem Niederländischen von Andrea Kluitmann
Lektorat: Katja Maatsch
Layout und Herstellung: Karen Kollmetz
Druck und Bindung: GGP Media GmbH, Pößneck
ISBN 978-3-551-55361-4
Printed in Germany

Inhalt

Tim Lindner

Meine **1.** Erfindung

Ich werde Erfinder!

Hallo, ich bin Tim Lindner. Willkommen in meinem Leben! Du kommst genau rechtzeitig, ich habe nämlich gerade meine erste Erfindung gemacht: ICH BIN ERFINDER!

Als ich heute Morgen um 7.00 Uhr aufstand, war ich einfach noch Tim Lindner. Wie immer hatte ich genügend Ideen im Kopf, aber die kamen da nicht raus.

07:04 Uhr. Ich guckte in den Spiegel. Ich sah das Gesicht, das mir jeden Morgen im Badezimmerspiegel begegnet. Nichts Besonderes. Zwei grüne Augen, eine kleine Nase mit ein paar Sommersprossen und darunter ein kleiner Mund. Das bin ich. Meine Mutter findet, dass ich einen ziemlich großen Mund habe, aber das ist natürlich Quatsch.

Opa

Mit beiden Händen gleichzeitig kämmte ich meine wirren Haare. Ich habe rote Haare. Nicht ein bisschen rot, sondern wirklich feuerrot. Die habe ich von meinem Vater, der ist auch rot. Er sagt, das sei Opas Schuld.

07:07 Uhr. Ich klatschte mir einen kräftigen Schwall Wasser ins Gesicht und rieb mir die Augenwinkel sauber.

07:08 Uhr. Ich drückte eine anständige Ladung Zahnpasta auf meine Zahnbürste und putzte los. Ganz von selbst fing ich an zu summen. Alle, die ich kenne, summen beim Zähneputzen. Nur mein Bruder nicht, der ist sechzehn. Der brummt beim Zähneputzen. Er brummt bei allem.

07:11 Uhr. Ich nahm einen Schluck Wasser und spülte mir den Mund aus. Nicht mit dem Kopf im Nacken und viel Gegurgel, wie in Filmen, sondern vornüber ohne Geräusche. Der zweite Schluck war viel größer. Damit konnte ich auch gleich das Waschbecken sauber spülen. Den dritten schluckte ich runter.

07:13 Uhr. Kurz bevor ich das Bad verließ, schaute ich noch einmal in den Spiegel. Das war neu. Früher rannte ich nach dem dritten Schluck immer sofort aus dem Badezimmer. Aber seit letztem Monat ist das anders. Ich weiß noch genau, welcher Tag es war. Es war der Tag, nachdem Lara in unsere Klasse gekommen war. Herr Breitenbeck hatte angekündigt, dass wir eine neue Mitschülerin bekämen, aber ich hatte ihm kaum zugehört. In unserer Klasse sind viele Mädchen und das ist nichts, worüber man lange reden könnte. Aber dann kam sie herein. Lara. Seit diesem Tag gucke ich um dreizehn nach sieben immer noch mal besonders gründlich in den Spiegel.

07:21 Uhr. »Tim, jetzt mach schon, du musst gleich zur Schule!« Das war mein Vater. Als ich runterkam, hörte ich noch, wie er wegfuhr.

Meine Mutter stand am Fenster, eine weinende Sofie auf dem Arm.

Sofie ist meine Schwester. Sie ist gerade mal zehn Wochen alt. Sie weint den ganzen Tag und trotzdem ist sie das Allersüßeste, was ich je bekommen habe. Noch süßer als Trash. Das ist mein Hund. Der ist auch süß, aber er hört nicht auf mich. Sofie wohl. Ich glaube sogar, dass Sofie besonders gern auf mich hört, denn wenn ich etwas zu ihr sage ... ist sie still!

»Morgen, Sofie!«, rief ich. »Hast du gut geschlafen?«

Sofie hörte sofort auf zu weinen. »Schön wär's«, seufzte meine Mutter. »Sie hat die ganze Nacht rumge-spukt.«

9

Sofie

Sofie fing wieder an zu jammern.

»Es gibt keine Gespenster, Schwester-chen.«

Sofie wurde sofort still. Ich bin ganz sicher, dass sie auf mich hört.

Ich stopfte mir ein halbes Butterbrot in den Mund und spülte es mit einem Glas Milch herunter.

Sofie weinte noch immer nicht. Aber das lag daran, dass meine Mutter auch einen Trick hatte, um sie still zu bekommen. Zwei Tricks eigentlich. Zwei Brüste.

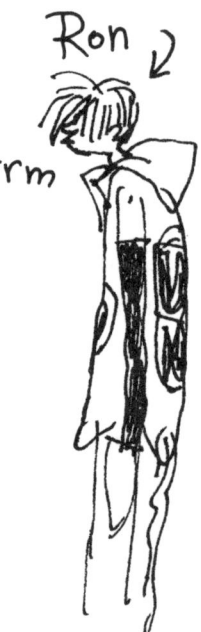

Ron

grrm

07:29 Uhr. Grrm! Das war Ron, mein Bruder, der in die Küche kam. Er sprach nie in ganzen Sätzen. Aber meine Mutter verstand ihn trotzdem meist.

»Fast halb acht«, antwortete sie. Er schnappte sich einen Apfel aus der Obstschale und ging.

»Viel Spaß in der Schule!«, rief meine Mutter ihm nach.

Aus dem Flur ertönte noch mal ein seltsames Brummen.

10

07:34 Uhr.

»Musst du nicht zur Schule?«
Meine Mutter legte Sofie über ihre
Schulter und klopfte ihr den Rücken.
Sofie machte ein Bäuerchen und fing
sofort wieder an zu weinen.

»Ich muss erst noch zum Klo«,
sagte ich.

Ich sitze gern auf dem Klo, auch,
wenn ich gar nicht muss. Das Klo ist
mein Lieblingsort zum Nachdenken.

07:36 Uhr. Und das war der Moment! Ich weiß nicht, ob
die Zeit ganz genau stimmt, aber ich setzte mich jedenfalls auf die Klobrille, ohne die Hose runterzulassen. Ich
nahm einen alten Donald Duck-Comic aus dem Korb.
Dann las ich: *Daniel Düsentrieb saß in der Wanne, als ihm
seine Erfindung einfiel. Heureka! Er sprang auf und rannte
nackt nach draußen.*

Ich saß also auf dem Klo und sprang auch auf. Das
war's. Ich habe es mir nicht ausgedacht, es schoss mir
einfach so durch den Kopf. Ich werde Erfinder. Tim
Lindner, Erfinder.

11

07:38 Uhr. Ich rannte auf die Straße. Nicht nackt oder so, ich hatte ja nichts ausgezogen. Ich rief auch nicht »Heureka!«. Ich rannte, weil ich mich beeilen musste, denn um acht fängt die Schule an.

08:05 Uhr. Herr Breitenbeck schaute verstört auf, als ich reinkam. »Schon wieder zu spät, Tim«, klagte er. »Es ist jeden Tag dasselbe, wann änderst du dich endlich?«
   Er hatte natürlich keine Ahnung, wie sehr ich mich verändert hatte. Aber es war wahrscheinlich nicht der richtige Moment, ihm das zu erzählen.

Meine **2.** Erfindung

Wie halte ich mir küssende Verwandte vom Leib, einschließlich Lieblingstanten?

Also, Familienbesuche sind ja gar nicht so schlimm. Meine Mutter kündigt sie immer lange vorher an. Ungefähr fünf Minuten bevor wir losfahren: »Wir fahren zu Oma!«

Ich sage dann: »Ich komm nicht mit.«

Mein Bruder sagt manchmal: »Grrm!«, aber meistens ist er schon oben, ehe meine Mutter was gesagt hat.

Mein Vater drückt danach besonders lange auf die Hupe, weil er schon seit zehn Minuten im Auto wartet. An der Haustür ruft meine Mutter dann noch: »Passt ihr gut aufs Haus auf?«

Aber heute Morgen wurde Familienbesuch plötzlich doch ein megagroßes Problem. Ich machte gerade eine besonders schöne Kaugummiblase. Das tue ich immer, wenn ich mich gut fühle und nichts zu erfinden brauche. Mein Vater kam mit dem Telefon in der Hand die Treppe runter. »Tante Odine

hat angerufen. Sie steht auf dem Bahnhof. Ich hol sie schnell ab.«

Die rosa Blase platzte mit einem mächtigen Knall. Mitten in mein Gesicht.

Eigentlich ist Tante Odine eine ziemlich nette Tante. Sie kommt einmal im Jahr zu Besuch. Dann bleibt sie ein paar Tage. Wenn sie wieder abfährt, lässt sie immer jede Menge Schokolade da. Supernett also.

Es gibt nur ein einziges Problem und ich kriege schon Gänsehaut, wenn ich nur daran denke. Ihr Kuss. Der dicke klatschnasse Kuss, am liebsten auf beide Wangen! Igitt! Das ist echt die reinste Kindesquälerei.

Tante Odine

Ich flüchtete sofort auf die Toilette. Meine Gedanken britzelten wie wild. Ich war nicht umsonst Erfinder geworden!

Als sie beim letzten Mal zu Besuch war, hatte ich mir die Kuss-Scheinbewegung ausgedacht. Damals war ich natürlich noch kein richtiger Erfinder, also funktionierte es auch nicht richtig. Ich war geradewegs auf Tante Odine zugegangen und hatte das Gesicht im allerletzten Moment zur Seite gedreht. Aber dadurch war ein klatschnasser Volltreffer auf meinem linken Ohr gelandet. »Daneben!«, hatte sie gerufen und danach verpasste sie mir sogar noch einen zusätzlichen Kuss!

Brrrrrrrrrrr! Küssende Tanten, das müsste verboten werden!

Ich rutschte auf der Klobrille hin und her und fummelte an einem winzigen Stückchen Kaugummi, das an meinem Ohr klebte. Das war natürlich durch die Kaugummi-Explosion da gelandet. Ich knetete den weichen Pfropfen und plötzlich wusste ich es.

Das war wirklich eine großartige Erfindung. Ich rannte in die Küche. Dort füllte ich eine Tasse mit warmem Wasser und holte ein Glas Marmelade aus dem Kühlschrank. Beides nahm ich mit in mein Zimmer. Unter meinem Stuhl klebte noch ein alter rosafarbener Kaugummi. Den kratzte ich ab. Ich ließ das harte Stück in die Tasse fallen und kramte in meiner Schreibtischschublade. Ich fand nicht, was ich suchte, also ging ich zum Zimmer meines Bruders und klopfte an.

»Grrm!«

Mein Bruder lag auf dem Bett und hatte einen Comic vor der Nase.

»Hast du ein Fläschchen Tipp-Ex?«

»Grrm?«

»Tipp-Ex, du weißt schon, dieses weiße Zeug zum Überpinseln. Für meine neueste Erfindung.«

»Grrm!« Das Comicheft wackelte missmutig hin und her.

Ich ließ die Bombe platzen. »Tante Odine kommt zu Besuch.«

»Grrmm!!!« Mein Bruder schoss in die Höhe und das Heft flog mindestens einen Meter durch die Luft.

»Mach dir keine Sorgen«, sagte ich und lachte zufrieden. »Von heute an wird nie wieder geküsst. Ich brauche nur ein Fläschchen Tipp-Ex.«

Er ließ sich wieder aufs Bett fallen und versteckte sein Gesicht hinter einem neuen Comic. »Grrm!« Mit dem Finger zeigte er auf einen gigantischen Berg Gerümpel auf seinem Schreibtisch.

Nach ein paar Minuten fand ich ein altes Fläschchen ohne Pinsel, das an einem leeren Matheheft klebte. Für meine Erfindung war es genau richtig.

Der rosafarbene Kaugummi war inzwischen weich und

16

klebrig geworden. Ich teilte ihn in der Mitte und klebte eine Hälfte sorgfältig in meinen linken Mundwinkel. In dem kleinen Spiegel neben meinem Bett prüfte ich das Ergebnis.

Ich sah einen herrlich dicken Pickel auf meiner Lippe. Die Farbe war gut, bloß konnte jeder sofort erkennen, dass es ein Kaugummi war. Aus dem Tipp-Ex-Fläschchen kratzte ich ein paar ausgetrocknete harte weiße Stückchen zusammen und drückte sie vorsichtig in den weichen Kaugummi. Ich schaute lachend zu dem Jungen mit dem Pickel auf der Lippe. Der Junge im Spiegel lachte zurück. Dadurch wurde der Pickel wie ein großes Geschwür in die Breite gezogen.

Auf der Straße hupte ein Auto.

Schnell schraubte ich das Marmeladenglas auf.

Waldbeere, perfekt! Ich tauchte den Zeigefinger hinein. Dunkelrot mit ein paar schwarzen Samen von den Beeren. Den Marmeladenfinger tupfte ich mir ein paar Mal auf die Lippe. Was übrig blieb, leckte ich ab. Hm, lecker!

Als ich hörte, wie eine Autotür zugeschlagen wurde, schaute ich noch einmal kurz in den Spiegel. Ich erschrak vor meinem eigenen Gesicht. Das Geschwür in meinem Mundwinkel war aufgeplatzt und eine blutige Masse sickerte heraus.

Ich ging die Treppe hinunter. Als ich auf der letzten Stufe stand, wurde die Haustür aufgerissen. »Hallihallo, juhu, wo seid ihr? Ich bin wieder da!« Tante Odine hüpfte in den Flur.

Schnell versteckte ich das Geschwür hinter meiner Hand.

Als Tante Odine mich sah, breitete sie die Arme aus. »Hallo, mein lieber Tim!«

Ich hörte, wie Papa das Auto in die Garage fuhr. Das war der richtige Moment. Ich nahm die Hand weg und ging langsam auf Tante Odine zu. »Hallo, Tante Odine! Wie schön, dass du uns mal wieder besuchst!«

Tante Odine fasste mich an den Schultern und spitzte die Lippen. »Wie ich mich freue dich wieder...« Plötzlich schien sie zu erstarren. Ihre Augen wurden immer größer und ihr Blick war auf meinen Mund gerichtet. Ganz langsam ließ sie meine Schultern los.

Ich fühlte schnell mit der Zungenspitze nach meinem Geschwür. Mmm, es war noch da!

Tante Odine trat einen Schritt zurück. »Was hast du da?«

Ich wollte eine spannende Ekelgeschichte daraus machen. Aber als ich die Lippen bewegte, merkte ich, dass meine Erfindung sich allmählich löste. Schnell legte ich einen Finger auf mein Geschwür und murmelte: »Nur ein klitzekleines Dingelchen an der Lippe.«

»Ist das äh ... ist das ansteckend?«

Ich drückte das Geschwür gut fest, damit ich deutlich mit dem Kopf nicken konnte. »Tja, doch, ziemlich, ja!«

18

Tante Odine kramte nervös in ihrer Tasche herum. Sie zog eine Riesentafel Schokolade hervor. Dann guckte sie noch einmal auf meinen Mund und ich nahm meinen Finger vorsichtig wieder weg.

Sie drückte mir die ganze Schokolade in die Arme und rief: »Du bist ja auch so groß geworden! Bestimmt möchtest du nicht mehr von deiner alten Tante geküsst werden.«

Ich bekam nicht mal die Chance »Nein« zu sagen. Sie war schon ins Wohnzimmer gehopst.

Zum Glück, denn genau in diesem Moment löste sich meine Erfindung von der Lippe und fiel auf den Boden.

»Du hast da was verloren, Tim.« Mein Vater kam mit Tante Odines Koffer herein. Er bückte sich, um den klebrigen Kaugummi aufzuheben. »Bah, was ist denn das schon wieder?«

»Oh, das ist meine neueste Erfindung.«

»Erfindung?« Mein Vater grinste. »Und, funktioniert sie gut?«

»Perfekt«, sagte ich, »aber du kannst sie gern behalten. Ich glaube nicht, dass ich sie noch mal brauche.«

Meine 3. Erfindung
Wie gehe ich mit meinem Hund im strömenden Regen Gassi, ohne selbst pitschnass zu werden?

Es regnete wieder mal. Ein günstiger Moment, um mit meinem Hund rauszugehen. Und mit meiner neuesten Erfindung.

Trash lag zusammengerollt in Papas gemütlichem Sessel. Den Kopf hatte er zwischen die Vorderpfoten gesteckt.

»Kommst du mit, Trash?«

Trash ist das englische Wort für Müll. Der Name passt total gut zu ihm, finde ich, aber meine Mutter bekommt immer Mitleid mit ihm. Darum nennt sie ihn Resi. Echt, dann bekomme ich Mitleid mit ihm, er ist ein Rüde!

Ich muss jeden Nachmittag mit Trash raus. Er ist mein Hund, also ist das meine Aufgabe.

20

Findet meine Mutter. Bei gutem und bei schlechtem Wetter. Aber gutes Wetter gibt es in unserer Stadt eigentlich nie. Wir haben immer Mistwetter. Hundewetter nennt mein Vater das. Trash ist da ganz anderer Meinung. Er findet nichts so schlimm wie draußen im Regen rumzulaufen. Jedenfalls fast nichts, noch schlimmer findet er es nur, wenn Wotan draußen ist. Wotan ist der riesige Rottweiler, der drei Straßen weiter wohnt. Wotan sucht schon seit ein paar Monaten einen neuen Freund!

Ich stand an der Wohnzimmertür und holte einen alten Tennisball aus meiner Hosentasche. »Nun mach schon, Trash. Wir gehen raus!«

Manchmal hebt Trash ganz kurz den Kopf, wenn ich »raus« sage, aber jetzt nicht. Er lag einfach bewegungslos da und machte nicht mal die Augen auf. Er hörte den Regen natürlich auch prasseln.

Das hatte ich mir schon gedacht. Ich ließ den Tennisball ein paar Mal auf dem Holzfußboden aufhüpfen. Das half.

Trash setzte sich mit einem Ruck auf und rannte hinter mir her in den Flur. Na bitte, wer sagt's denn? Aber als ich die Haustür öffnete, blieb Trash wie angewurzelt stehen. Der Regen stürzte noch immer eimerweise aus dem Himmel.

Trash fiepte leise und schaute zu dem Schirm in der Ecke des Flurs.

Bis gestern hatte ich mich immer mit einem Schirm

rumquälen müssen. Trash wollte dann auch darunter, aber das passte natürlich nicht. Und wenn er dann nass geworden war, schüttelte er sich wie wild trocken. Am liebsten ganz in meiner Nähe.

Aber jetzt brauchte ich keinen Schirm mehr. Heute Nachmittag würde Trash sich zum ersten Mal selbst Gassi führen. Bis zu seinem Lieblingsbaum auf der anderen Straßenseite. Neben der Bushaltestelle.

Ich ließ den Tennisball noch ein Mal auf dem Gehweg aufhüpfen. Trash schaute mich erstaunt an. *Du wirfst den Ball doch wohl nicht nach draußen?*

Doch, das tat ich. Genau neben den Baum.

Und es klappte! Wie der Wind rannte Trash hinter dem Ball her. Als wäre es nichts, mitten in den strömenden Regen. Ich blieb schön trocken an unserer Haustür stehen. Trash nahm den Ball ins Maul und pinkelte zum Glück auch gleich kräftig gegen den Baum. Kluger Hund! Aber gleich danach rannte das blöde Vieh zu dem Wartehäuschen, wo es schön trocken war, und bellte laut. *Ich bin fertig. Komm und hol mich!*

Darauf fiel ich natürlich nicht rein.

»Ich verstehe dich nicht, Trash!«, sagte ich und ging in den Flur.

»Ich geh schon mal rein. Kommst du gleich nach?«
Ich zog die Haustür bis auf einen schmalen Spalt zu.
Mindestens eine halbe Stunde habe ich im Flur gewartet,
aber Trash blieb einfach im Wartehäuschen stehen und
kläffte sich die Seele aus dem Leib. Kurz bevor Bus 42
kam, habe ich ihn doch geholt. Mit Schirm. Nicht, dass
es einen Unterschied machte, denn er hatte sich seinen
großen Trockenschüttler natürlich für mich aufgehoben.

Ich schmiss den Schirm in die Ecke. Trash tapste
schnell zurück ins warme Wohnzimmer, aber ich verschwand sofort Richtung Toilette und schloss die Tür ab.

Ich blieb dort bestimmt eine Stunde sitzen und habe
mir mindestens hundert Erfindungen ausgedacht. Von
einer überdachten Straße mit Wartehäuschen
bis zu einer tragbaren Auffangschüssel,
maßgeschneidert für jeden Hundehintern.
Ich überlegte mir, ob man Trashs
Lieblingsbaum nicht vielleicht in
unseren Vorgarten verpflanzen
könnte ... Ganz kurz schoss mir
sogar durch den Kopf, ich
könnte Trash gegen ein Glas
mit Goldfischen tau-
schen. Das war der
Moment, in dem ich
die Toilettentür
aufmachte und

zum ersten Mal daran zweifelte, ob ich wirklich ein guter Erfinder war.

In der Ecke im Flur, wo ich den Schirm hingeworfen hatte, bildete sich eine Pfütze. Und plötzlich sah ich eine geniale Lösung für mein Problem vor mir. Die neue Wurfangel meines Vaters!

»Komm, Trash, wir gehen nach draußen!« Ich zog Trash an seinem Halsband aus dem Sessel und zerrte ihn zurück in den Flur.

»Gehst du schon wieder mit ihm raus?« Mein Vater sah erstaunt von seiner Zeitung auf. »Es regnet noch immer.«

»Och, so ein bisschen Wasser macht uns nichts«, sagte ich lachend. Schnell zog ich die Wohnzimmertür hinter uns zu.

Trash saß zusammengekauert unter dem Vordach und starrte in den strömenden Regen. Aber als er sah, dass ich den Tennisball auf die Fußmatte legte, sprang er fröhlich bellend auf. Offensichtlich hatte es seiner hündischen Hoheit gerade eben doch gut gefallen. Er wusste natürlich noch nicht, dass ich ihn diesmal nicht mehr abzuholen brauchte!

Ich nahm die Angel und befestigte den Haken an seinem Halsband. Mein Vater sagt, es sei eine Superangel. Er hatte sie extra übers Internet bestellt. In Amerika benutzten sie diese Angeln, um riesige Forellen zu fangen. Mein Vater hatte uns einen Film gezeigt. Drei Cowboys

24

mussten die Angel festhalten, um einen Fisch aus dem
Wasser zu ziehen. Sie konnten den Fisch kaum tragen,
aber die Angelleine war nicht gerissen. Genau das
brauchte ich.

Sicherheitshalber machte ich drei zusätzliche Knoten
in die Leine. Trash störte es nicht weiter, er hatte nur den
Tennisball im Kopf. Ich testete noch ein letztes Mal, ob
die Kurbel an der Angel einwandfrei funktionierte. Dann
warf ich den Ball mit einem graziösen Wurf neben seinen
Lieblingsbaum.

Trash rannte los und die Angelleine ratterte hinter
ihm her. Er hatte noch immer nichts gemerkt, als er mit
dem Tennisball im Maul gegen den Baum pinkelte. Ich
ließ ihn in aller Ruhe zum Wartehäuschen laufen. Er
durfte sogar noch mal fröhlich bellen: *Holst du mich jetzt
wieder ab?*

Dann drehte ich langsam an der Kurbel. Es war wirklich eine wunderbare Angel. Ganz leicht konnte ich die Leine zu mir ziehen. Als sie gespannt war, ruckte ich einmal daran. Dann würde Trash schon begreifen, dass er dieses Mal allein zurückmusste. Aber er beschloss sofort, dass er dazu keine Lust hatte. Er setzte sich hin und bellte kurz, aber kräftig: *Kommst du?*

Ich tat, was die Fischer in dem Film auch gemacht hatten. Ein kleiner Ruck und danach kurz an der Spule drehen. Es war eine Supererfindung, auch, wenn Eigenlob eigentlich stinkt. Trash kam Stück für Stück näher. Er stemmte sich zwar mit allen Vieren dagegen, aber das würde er im strömenden Regen bestimmt nicht lange durchhalten.

Dann hörte ich plötzlich am Anfang der Straße jemanden brüllen: »Wotan, hierrr!«

Für einen Moment vergaß ich die Angel. Das hätte ich nicht tun sollen. Trash hatte das Gebrüll natürlich auch gehört und wartete keine Sekunde. Er raste zu dem Baum. Die Angel rutschte mir aus den Händen und schoss wie ein Pfeil zur gegenüberliegenden Straßenseite. Sie verfehlte den Rottweiler um ein Haar. Wotan hatte sich wahrscheinlich genau diesen Tag ausgesucht, um ewige Freundschaft mit Trash zu schließen. Bloß hatte mein Hund ganz andere Pläne. In Panik rannte er ständig im Kreis um den Baum und das Wartehäuschen herum. Die neue Angel meines Vaters holperte hinter ihm her.

26

Und dahinter folgte ein fröhlich bellender Wotan mit großen Sprüngen.

Und dann stellte sich heraus, dass die Angel eigentlich überhaupt nichts taugte.

Peng! Die Angelleine riss. Trash stellte fest, dass er nicht mehr von einer Angel verfolgt wurde, und rannte auf mich zu. Mit einem Riesensatz sprang er in meine Arme. Ich war auf der Stelle durchweicht, aber ich hatte keine Zeit lange darüber nachzudenken. Wotan kam nämlich in voller Fahrt auf uns zugerannt. Er hatte ganz eindeutig nicht vor mir seinen neuen Freund zu überlassen.

spielen ????

Ich sprang rückwärts in den Flur und warf die Haustür hinter uns zu.

Eine Sekunde später hörte ich, wie etwas mit einem dumpfen Knall gegen unsere Tür krachte, und danach wieder Gebrüll: »Wotan, hierrr!«

Trash zitterte am ganzen Leib.

»Ganz ruhig«, flüsterte ich. »Hier kann dir nichts passieren.«

Als Dankeschön leckte er mir über die Wange.

»Was machst du denn da?« Das war mein Vater, aus dem Wohnzimmer.

»Oh, äh ... nichts, gar nichts!« Ich setzte Trash ab. »Ich hab den ... äh ... Regenschirm gesucht!«

Eine Weile blieb es still. Dann rief mein Vater: »Der Schirm? Der steht in der Ecke im Flur. Neben meiner neuen Angel.«

Meine 4. Erfindung

Wie sorge ich dafür, dass man mir am Tisch zuhört?

Es war wirklich lächerlich. Wir hatten uns gerade an den Tisch gesetzt. »Lasst es euch schmecken.«

Mein Vater hob die Deckel von den Töpfen. »Ah, das sieht gut aus.«

»Grrm.« Mein Bruder zeigte auf den Blumenkohl.

Ich reichte ihm die Schale. »Das heißt Blumenkohl.«

»Nicht so viel schwatzen, Tim«, sagte meine Mutter. »Iss lieber, sonst wird es wieder kalt.«

Drei Wörter! Ich hatte drei Wörter gesagt: »Das heißt Blumenkohl.« Zwei kurze Wörter und ein etwas längeres. Und das nannte sie viel schwatzen.

Gleich danach fing mein Vater an von einem seiner

Schüler zu erzählen, der links und rechts nicht auseinanderhalten konnte. »Das ist gar nicht praktisch, wenn man Fahrstunden nimmt«, seufzte mein Vater. »Wir fuhren die ganze Zeit falsch. Am Fasanenweg wollte ich rechts in die Amselstraße einbiegen. Da kann man nämlich so gut einparken üben, auf dem Parkplatz vom Supermarkt. Aber er fuhr links in die Rotkehlchenstraße. Völlig idiotisch, da ist dienstags ja immer Markt. Also sagte ich, er solle lieber gleich links in die Elsterstraße

einbiegen. Dann könnten wir den Markt vermeiden. Aber nein! Biegt er glatt rechts ab in die Gänsestraße!«

Mein Vater quasselte und quasselte. Er hatte schon locker über tausend Wörter gesagt. Ich hatte mir natürlich längst eine Erfindung für diesen Fahrschüler ausgedacht. »Warum hast du das nicht einfach alles umgekehrt gesagt?«, fragte ich. »Dann wäre er sicher genau richtig gefahren.«

Meine Mutter legte mir die Hand auf den Arm. »Nicht so viel reden, Schatz, dein Vater erzählt gerade was. Iss schön deinen Teller leer.«

Ich konnte es nicht glauben! Sie schaute nicht mal hin. Mein Teller war schon seit Stunden leer. Meiner schon!

Mein Vater plapperte einfach weiter. »Mir war natürlich schnell klar, dass ich clever sein musste. Also ließ ich ihn einfach nicht mehr abbiegen. Sehr praktisch, einfach immer geradeaus fahren. Es lief wie geschmiert. Bis wir am Strand ankamen. Da hörte die Straße auf. Kein Problem«, meinte mein Vater lachend. »Ich ließ ihn in einem Zug wenden. Na ja und dann sind wir schnurstracks wieder zurückgefahren.«

Mein Vater sah mich stolz an, als hätte er immer die besten Erfindungen. Er schob sich den ersten Bissen Blumenkohl in den Mund.

Endlich war ich an der Reihe mit erzählen. Von Herrn Breitenbeck. Echt eine total gute Geschichte. Von dem Kampf, den er sich heute mit dem Reißverschluss seiner Jeans geliefert hat.

Aber ich bekam nicht mal die Chance, denn plötzlich musste mein Bruder auch was sagen. Ich hörte, wie er ein paar Mal normal brummte und danach nur noch ganz viele sehr laute und wütende Grunzlaute ausstieß. Meine Mutter ging inzwischen zu Sofie, weil die schon wieder weinte.

Ich glaube nicht, dass mein Vater meinem Bruder zuhörte, er reagierte nicht mal.

Ich schon. Aber ich verstand ihn nicht, also fragte ich: »Könntest du das Letzte bitte noch mal wiederholen?«

Mein Bruder starrte mich ein wenig dümmlich und ziemlich erstaunt an. »Grrm!«

»Danke«, sagte ich, »jetzt kann ich dir wieder folgen.«

»Jetzt sei nicht so albern«, sagte mein Vater, »lass ihn weitererzählen. Wir hören uns deine Geschichten doch auch an, oder?«

Das wüsste ich aber! Vorsichtshalber gab ich keine Antwort. Ich glaube nicht, dass mein Vater die Frage ernst gemeint hatte. Mein Bruder brummte weiter und ich kam wieder nicht zu Wort.

Das läuft schon seit Jahren so. Ich kann beim Essen fast nie was erzählen. Und wenn es doch mal klappt, hört mir keiner zu. Natürlich habe ich schon ziemlich viel

ausprobiert, um das Problem zu lösen. Aber damals
war ich noch kein Erfinder, also hat nichts richtig funktioniert.

Ich habe mal drei Tage lang am Tisch den stummen
Sohn gespielt. Ich bewegte mich nicht und sagte kein
Wort. Also auch nicht: »Das mag ich nicht!«
oder »Kann ich mal den Ketchup haben?«
Aber das funktionierte nicht, weil alle am
Tisch das richtig gut fanden. Dann konnten
sie selbst noch mehr schwatzen.

Daraufhin habe ich mir den stummen
Sohn ausgedacht, der außerdem nicht
essen konnte. Aber das war eine idiotische
Idee. Meine Eltern ließen mich einfach vor dem vollen
Teller sitzen. Und ich konnte natürlich nichts sagen, weil
ein stummer Sohn ja nicht spricht! Übrigens kriegte ich
auch total viel Hunger.

Und letztes Jahr hatte ich mir den schrecklichen ersten
Satz ausgedacht ... Ich fing meine Geschichte so schlimm
an, dass sie einfach zuhören mussten.

»Wusstet ihr, dass Herr Breitenbeck furchtbar krank
ist?« Und dann hörten sie ganz still zu und ich konnte
das erzählen, was ich eigentlich erzählen wollte, von dem
Vertretungslehrer.

Ich ahnte ja nicht, dass meine Mutter Herrn Breitenbeck und seiner Frau sofort eine sehr mitfühlende Karte
schicken würde.

Am nächsten Tag hatte ich mir einen neuen Satz ausgedacht. »Tante Odine hat gerade angerufen und ...« Aber das war auch kein guter Anfangssatz. Denn ehe ich auch nur ein weiteres Wort sagen konnte, saß mein Vater schon im Auto und war auf dem Weg zum Bahnhof.

Da wartete natürlich keine Tante. Allerdings traf er dort meinen Lehrer, der gerade von einer Studienfahrt zurückkam. Mein Vater meinte, er habe besonders gesund ausgesehen und gesagt, ich hätte wohl ein wenig zu viel Fantasie.

Meine Eltern hingegen haben überhaupt keine Fantasie und danach durfte ich einen Monat lang nichts mehr am Tisch erzählen!

Mein Bruder war mit seinem letzten Brummer fertig, als meine Mutter aus Sofies Zimmer zurückkam. Sie ließ sich auf ihren Stuhl fallen.

In diesem Moment fing Sofie oben wieder an megalaut zu kreischen.

Meine Mutter seufzte. »Ach, Tim, könntest du kurz zu ihr gehen? Bei dir ist sie immer gleich still und du bist ja eh schon fertig mit dem Essen.«

Aha, das hatte sie also doch gesehen.

Ich hob Sofie vorsichtig aus der Wiege und setzte mich mit ihr in den Schaukelstuhl. Sie hatte die Augen zu und weinte einfach weiter. Ich gab ihr einen Kuss aufs Köpfchen. »Hallo, kleine Sofie, warum bist du so traurig?«

Sie öffnete die Augen und hörte sofort
auf zu weinen. Sie versuchte sich den Daumen
in den Mund zu stecken, aber das schaffte
sie nicht. Immer wieder flutschte er heraus
und nun schluchzte sie richtig.

Ich tippte ihr kurz mit dem Zeigefinger
auf die Nasenspitze. »Soll ich dir mal eine
Geschichte erzählen?«

Sofie wurde sofort still. Ihre großen
blauen Augen schauten gebannt auf meine
Lippen.

»Die Geschichte handelt von Herrn
Breitenbeck. Das ist mein Lehrer. Er ist sehr
nett, aber manchmal ist er auch ein wenig
tollpatschig. Möchtest du wissen, was heute
mit seinem Reißverschluss passiert ist?«

Sofie sagte nichts und ihre Augen fielen langsam
wieder zu. Aber wahrscheinlich blieb ich ein wenig zu
lange still, denn ihr Mund öffnete sich ein wenig und sie
machte leise Quengelgeräusche.

Und dann wurde aus einer Idee, die ich bestimmt
schon eine ganze Weile im Kopf gehabt hatte, plötzlich
eine großartige Erfindung.

»Du bist es!«, rief ich. Sofie bekam einen Schrecken
und wollte sofort wieder losbrüllen, aber ich redete einfach weiter.

»Ich versteh dich schon, Sofie. Du möchtest natürlich

nicht schlafen, während wir da unten gemütlich zusammen essen.«

Ich nahm ihre Decke und ging mit ihr runter. Schon auf der Treppe hörte ich die Stimme meiner Mutter aus dem Esszimmer. Sie erzählte von ihrem Kollegen. Von dem redet sie ständig.

»So, da sind wir!« Ich ging mit Sofie ins Esszimmer und sofort wurde es mucksmäuschenstill am Tisch.

»Sofie findet es oben zu langweilig«, sagte ich. »Sie möchte unsere Geschichten auch gern hören. Mama, holst du ihre Babywippe mal kurz?«

Meine Mutter schaute mich mit offenem Mund an, aber sie stand auf, um die Babywippe zu holen. Sie stellte sie auf den Esstisch, damit Sofie uns alle gut sehen konnte.

Ich deckte sie zu. »Hör gut zu, Sofie, Mama hat nämlich eine tolle Geschichte über ihren Kollegen.«

Meine Mutter wurde rot. »Ich weiß nicht, ob deine Schwester das so interessant findet, Tim«, murmelte sie.

Sofie schaukelte in ihrer Wippe und fing leise an zu jammern.

Mein Vater grinste und pikste Blumenkohl auf die Gabel. »Hm, wenn man das so hört, scheint sie darauf wirklich keine große Lust zu haben.«

Sofie fing lauter an zu schluchzen.

»Vielleicht will sie ja meine Geschichte über

Herrn Breitenbeck hören.« Ich sah meinen Vater an.
»Dann könnt ihr in der Zwischenzeit in Ruhe essen.«
Jetzt wurde mein Vater auch rot.

»Also. Wir hatten Mathe. Herr Breitenbeck war kurz
aus der Klasse gegangen.« Ich drehte mich ein wenig zu
Sofie, damit sie meinen Mund gut sehen konnte. Aber
eigentlich war das gar nicht nötig. Meine Stimme reichte
schon. Sie war still und hatte die Augen schon wieder zu.

»Rick, der immer neben mir sitzt, sah es als Erster. Er
stieß mich an und zeigte auf Herrn Breitenbeck. Und
dann sahen wir es alle. Herr Breitenbeck war wahrscheinlich zur Toilette gegangen und hatte danach sein Hemd
wieder in die Hose gesteckt. Aber ein kleiner Zipfel von
dem Hemd war in den Reißverschluss geraten. Das sah
total komisch aus.«

Mein großer Bruder brummte. Ich sagte ein paar
Sekunden nichts, damit er hören konnte, wie gut Sofie die
Geschichte gefallen hatte. Nach ein paar Sekunden Stille
fing sie nämlich sofort wieder an zu schluchzen.

»Da sagte Rick zu unserem Lehrer, dass etwas aus
seinem Reißverschluss guckte. Die ganze Klasse kriegte
einen Lachkrampf und Herr Breitenbeck ging schnell raus
auf den Flur. Als er wieder reinkam, war an seinem
Reißverschluss nichts mehr zu sehen. Aber er hatte einen
Kopf wie eine Tomate.«

Ich hörte auf zu erzählen. Sofie lag in ihrer Wippe und
schlief selig. Und alle hatten sich zum ersten Mal beim

Essen eine Geschichte von mir angehört, ohne mich ständig zu unterbrechen.

Bei meinem Bruder funktionierte die Erfindung noch nicht ganz so gut. Er stand auf, um nach oben zu gehen.

»Bleib sitzen, Ron«, sagte meine Mutter, »es gibt noch Nachtisch.«

»Grrm!«

»Genau, lecker!«, sagte mein Vater. »Hast du noch mehr erlebt, Tim?«

»Klar«, antwortete ich.

Mein Bruder sagte nichts mehr. Gar nichts mehr!

Wie schalte ich fiese Mitschüler ganz einfach aus?

Es gibt viele Gründe, warum ich Schule grässlich finde.
Zum Beispiel wegen so ziemlich aller Schulfächer, ab-
gesehen von Sport und Pause. Manchmal auch wegen
Herrn Breitenbeck, weil er in den Tests meist andere
Antworten haben will als die, die ich aufgeschrieben habe.
Die Klobrille in der Jungen-Toilette ist auch ein guter
Grund. Die ist immer nass. Und Rambo aus der
Achten habe ich noch nicht mal erwähnt.

Man könnte jetzt also denken, ich ginge
nicht gern zur Schule. Völlig falsch! Ich gehe
sogar furchtbar gern zur Schule.

Heute Morgen schlenderte ich pfeifend
durch den Flur, genau hinter Lara.

Sie drehte sich um. »Du hast heute aber
gute Laune!«

Ich wollte sagen: »Das kommt wegen
dir!« Aber das sagte ich natürlich nicht. Ich
pfiff nur noch ein wenig lauter.

»He, roter Spargeltarzan. Pfeifen ist

He, Spargeltarzan!

hier verboten!« Plötzlich stand Rambo mit seinen Freunden neben mir. Rambo, der größte Junge der Schule. Der größte und gemeinste. Er schlägt mir immer ohne Grund total fest auf die Schulter. Mit der Faust. Eigentlich heißt er Raymond, aber ich nenne ihn Rambo. Nicht laut, natürlich, denn dann kriege ich bestimmt eine doppelte Faustnuss.

»Tschuldigung«, flüsterte ich leise, damit Lara es nicht hörte.

Rambo schlug mir mit Karacho auf die rechte Schulter. »Tschuldigung, genau, das sagt man dann«, sagte er mit einem gemeinen Grinsen. Danach ging er pfeifend weiter.

Ich spürte einen stechenden Schmerz und wollte »Au« brüllen, aber ich biss mir auf die Lippe. Lara war weitergegangen. Zum Glück hatte sie nichts gemerkt. Rambo bog links in das Klassenzimmer der 8a ein. Seine Freunde folgten ihm wie dumme Schafe. Sie pfiffen jetzt auch.

Im Türrahmen stand Herr Breitenbeck und heftete ein Poster vom Kinder-Sorgentelefon an die Wand. Ich warf einen Blick auf die Telefonnummer. Eine Super-Tim-Erfindung wäre jetzt wahrscheinlich praktischer.

40

»Kann ich noch schnell zur
Toilette, Herr Breitenbeck?«

Er schaute auf seine
Armbanduhr. »Na gut, aber
beeil dich. In zwei Minuten
fangen wir an.«

Die Klobrille war zum Glück noch
trocken. Ich schloss die Tür ab und
wartete darauf, dass mir etwas
einfiel. Rambo wurde ein zu großes
Problem. Herr Breitenbeck musste
eben warten.

Aber mir fiel und fiel nichts
ein. Ich musste an einen Plan
denken, den ich letzten Monat hatte.
Es war eine clevere Idee gewesen. Ich hatte mir
Schulterpolster von meiner Mutter unter mein T-Shirt
geschoben. Keiner merkte es, außer Rambo. »He, gehen
kleine Jungs jetzt auch schon in die Muckibude?« Und er

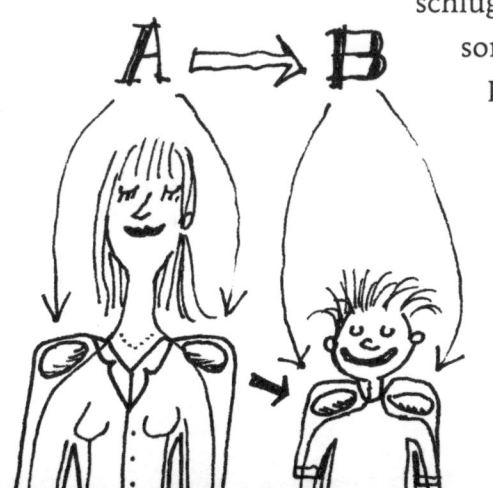

schlug doppelt so fest zu wie
sonst. Da halfen keine
Polster.

Ich hab's trotzdem
noch Frau Bekker
gesagt, der Klassen-
lehrerin der 8a.

41

Wie blöd kann man sein! Frau Bekker meinte, es sei doch ganz bestimmt ein freundschaftlicher Klaps auf die Schulter gewesen. Sie würde Rambo darauf ansprechen. Später auf dem Schulhof bekam ich noch ein paar Klapse extra. Da hatte ich zwei blaue Schultern.

Seufzend schloss ich die Klotür wieder auf.

»He, du Blockflöte, wo ist denn deine gute Laune geblieben?«

Genau vor meiner Nase stand Rambo. Ich bekam einen Schrecken und hielt mir schnell die Hand vor die rechte Schulter. Also bekam ich volle Kanne einen Schlag auf die linke.

»Du hast doch hoffentlich nicht auf die Brille gepisst, was?« Rambo ging hinein und knallte die Klotür hinter sich zu.

Ich ging schnell zu meiner Klasse. Die meisten Kinder saßen schon auf ihren Plätzen. Lara stand noch mit ein paar anderen Mädchen am Fenster und schwatzte. Herr Breitenbeck lehnte an seinem Pult und schaute auf die Armbanduhr, als ich reinkam.

»Ah, Tim, es war bestimmt jede Menge los auf der Toilette.« Ungeduldig klappte er ein Plastikdöschen mit Reißzwecken auf und zu.

Ich sagte nichts und setzte mich schnell hin.

»Hätten die Damen vielleicht auch die Güte?« Herr Breitenbeck warf die Reißzwecken mit Schwung auf sein Pult. Etwas zu feste. Das Döschen sprang auf und Dutzende von Reißzwecken hüpften durch den Raum.

Damit er nicht noch wütender wurde, hob ich so schnell ich konnte alle Reißzwecken auf. Unter Max' Tisch begegnete ich Lara. Auch sie kroch auf dem Fußboden rum, mit dem Döschen in der Hand. Als ich ihr meine Reißzwecken gab, lachte sie mich total lieb an. Meine Wangen fingen an zu glühen und ich drehte mich schnell um. Bamm, meine blaue Schulter knallte gegen ein Tischbein.

Ich setzte mich wieder an meinen Platz und Lara brachte das Döschen zurück. Sie wollte sich auch gerade wieder hinsetzen, als ich auf ihrem Stuhl etwas funkeln sah. Ihr blauer Jeanspo schwebte schon über der scharfen, glänzenden Spitze. Ich machte einen großartigen Hechtsprung und gerade noch rechtzeitig fegte ich die Heftzwecke unter ihrem Hintern weg. Und genau in diesem Moment schoss mir die Idee für meine nächste Erfindung durch den Kopf.

Als es zur Pause klingelte, stand ich als Erster auf dem Flur. Ich nahm eine Heftzwecke in die Hand und fummelte sie durch den Ausschnitt meines T-Shirts. An der rechten Schulter stach ich die Heftzwecke durch den weichen Stoff. Sicherheitshalber schob ich noch zwei hinterher. Nur wenn man genau hinsah, erkannte man die drei kleinen Spitzen, die aus dem Stoff ragten. Bei meiner anderen Schulter machte ich dasselbe.

Ein paar Meter vor der Tür der 8a blieb ich stehen. Ich hörte Frau Bekker sagen, dass alle ihre Sachen einpacken sollten. Gleich danach wurde die Tür aufgerissen. Natürlich kam Rambo als Erster raus. Seine Freunde folgten ihm. Ich trat ein paar Schritte vor. Aber Rambo sah mich noch nicht. Da leckte ich mir über die Lippen und fing an zu pfeifen.

Sofort drehte Rambo sich um. »He, da ist ja unser Hosenscheißer.«

Rambos Freunde fingen schon an zu grinsen. Sie wussten genau, was jetzt passieren würde.

Ich auch. Ich pfiff einfach weiter.

Rambo sah mich erstaunt an. Seine Hand ballte sich zu einer Faust. »Hast du mich heute Morgen nicht richtig verstanden? Hier auf dem Gang wird nicht gepfiffen!«

Ich drehte meine Erfindung ein wenig nach vorn, damit Rambo sie gut erreichen konnte, und pfiff einfach weiter. Schön laut. Sofort hob Rambo die Faust und ließ sie megafest auf meine Schulter sausen.

44

Auaaaaaaaa! So fühlte es sich an, aber ich biss die
Zähne zusammen. Ich gab keinen Mucks von mir.

»AAAAIIIIIIIIIIII!« Und so fühlte es sich also bei
Rambo an, er schrie die ganze Schule zusammen.

Er sprang mindestens einen Meter in die Luft und
hörte nicht auf zu schreien. »Ai, ai, ai!«

Ich trat einen Schritt zurück, denn wahrscheinlich war
er jetzt so richtig wütend. Aber Rambo beachtete mich
überhaupt nicht mehr. »Blut, Blut!«, schrie er. »Ich
blute!« Danach stopfte er sich die ganze Faust in den
Mund und rannte heulend ins Klassenzimmer.

Mein Herz hämmerte wie wild. Das lag nicht nur an

Rambo, sondern auch an Lara. Sie stand neben mir und schaute erstaunt auf meine Schulter. Ich legte die Hand schnell über die drei Spitzen und fragte: »Kommst du auch mit zum Fußballspielen?«

Sie lachte. »Ja, gern!«

Fast wollte ich wieder pfeifen, aber ich beschloss, dass ich das in der kommenden Zeit wohl besser bleiben ließ.

Wie schaffe ich es, dass Scherben mir wirklich Glück bringen?

Meine Mutter bekam letzte Woche zum Geburtstag eine kostbare Obstschale aus Glas. Und ich wusste sofort, dass die Zeit reif war für eine neue Erfindung. Sie sagte mindestens zehn Mal zu ihren Freundinnen, wie wunderbar sie die Schale fand. Ich sah nur, wie zerbrechlich sie war.

Wenn bei uns zu Hause etwas zerbricht, zeigen nämlich alle immer auf mich. Das ist total ungerecht. Ich meine, klar bin ich auch fast immer schuld daran, aber manchmal gibt es dafür überhaupt keine Beweise. Wie letztes Jahr bei der Sache mit dem Spiegel im Bad. Niemand war dabei, als ich aus Versehen mit meinem Wasserglas dagegenstieß. Ich hätte es völlig logisch gefunden, dass der Sprung entstanden war, einfach weil mein Bruder in den Spiegel schaute. Aber ich bekam die Schuld. Ich musste drei Mal staubsaugen, eine Woche lang

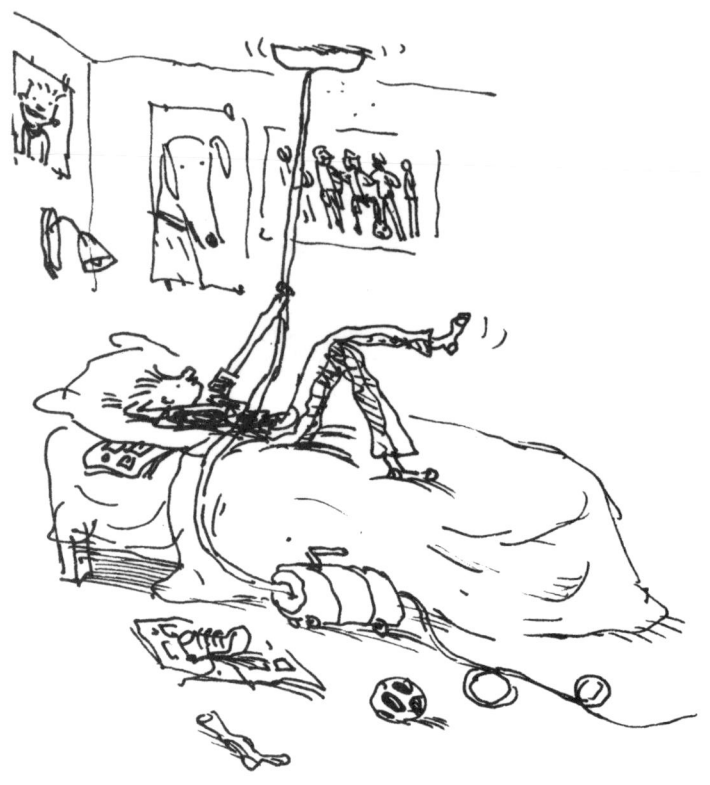

mein Bett selbst machen und noch mal extra Tisch-
decken, obwohl mein Bruder an der Reihe gewesen wäre.
Bloß, weil meine Mutter Mitleid mit Ron hatte, weil ich
sein hässliches Gesicht mit dem kaputten Spiegel in
Zusammenhang gebracht hatte.

Die Schale bekam einen Platz auf dem niedrigen Tisch-
chen neben dem Fernseher. Für jemanden, der oft etwas
zerbricht und auch gern fernsieht, ist das ein äußerst
unpraktischer Platz. Ich musste schnell etwas erfinden,
denn es konnte schon gefährlich werden, wenn ich nur

die Fernbedienung auf den Fernseher
richtete.

Ein halber Tag auf dem Klo brachte
wenig. Logisch, das hier war ja auch
das erste Mal, dass ich sozusagen eine
Erfindung im Voraus machen wollte.
Noch war ja gar nichts kaputt!

Vielleicht sollte ich mich mit
meinem Bruder anlegen und ihn dabei
auf die Obstschale schubsen? Nein,
dann würde bestimmt ich die Schuld
bekommen. Übrigens war die Chance viel größer, dass er
mich auf die Obstschale stieß. Und dann wäre ich es
sowieso wieder gewesen.

Ich blätterte in der Zeitung, die mein Vater auf der
Toilette liegengelassen hatte. Mein Blick fiel auf einen
kleinen Artikel auf der Seite mit den Lokalnachrichten.

Einbrecher hat abermals zugeschlagen
Vergangene Nacht haben sich in unserem
Städtchen gleich drei Einbrüche ereignet.
In zwei Fällen waren die Bewohner zwar zu
Hause, haben aber nichts bemerkt. Die
Polizei geht davon aus, dass die Einbrüche
von ein und demselben Täter verübt
wurden. In den Häusern wurden nur ein
paar kleine Sachen entwendet. Vom Täter
fehlt zurzeit noch jede Spur.

Einbrecher

(Schale)
Beute

Brechstange

Die Erfinderzellen in meiner rechten Gehirnhälfte drehten sofort auf vollen Touren und in meinem Kopf wuchs eine Supererfindung heran. Es war höchste Zeit, dass unsere Straße auch mal in die Zeitung kam. Die Obstschale war gar nicht so groß, ein Einbrecher könnte sie bestimmt gut mitnehmen. Nicht, dass ich so versessen auf Einbrecher war. Aber ich kannte zufällig jemanden, der nachts bestimmt mal kurz vorbeikommen könnte. Ich faltete die Zeitung schnell zusammen und verschwand nach oben, um meinen Wecker zu stellen.

Es war stockfinster, als ich mitten in der Nacht die Tür zum Wohnzimmer öffnete. Zum Glück hatte ich meine Taschenlampe mitgenommen. Ich richtete den Lichtstrahl knapp vor meine Füße, damit ich nichts umstieß. Denn das wäre natürlich das Allerdümmste, was mir passieren könnte.

Im gesamten Haus war es mucksmäuschenstill. Irgendwo in der Ferne hörte ich eine Polizeisirene. Vorsichtig schlich ich weiter, am Sofa entlang, auf dem Trash schlief. Ich beugte mich vor, um ihn kurz beruhigend zu streicheln. Aber das war überhaupt nicht nötig. Trash schnarchte einfach weiter. Unser Hund hatte schon bei seiner Geburt beschlossen, dass er nur für ein paar wenige Dinge auf die Welt gekommen war. Und dazu gehörte ganz sicher nicht das Haus seines Herrchens zu bewachen.

Meine Hand zitterte ein wenig, als der Strahl meiner Taschenlampe auf die Obstschale fiel. Das Obst in der Schale sah aus wie ein Gesicht, mit einer Banane als lachendem Mund. Aber der Anblick stimmte mich nicht fröhlich. Das hier war viel gruseliger, als ich es mir gestern Abend auf der Toilette vorgestellt hatte.

Ich ließ den Lichtstrahl durch das Wohnzimmer wandern und überlegte mir, was ich alles tun musste. Natürlich zuerst mal das Fenster öffnen und für anständig viel Unordnung sorgen. Ich zog die große Pflanze mit den hellgrünen Blättern aus dem Topf und streute die Erde über den Teppich. Die Pflanze selbst warf ich durchs Fenster nach draußen. Danach holte ich einen Stapel Bücher aus dem Regal und leerte eine Schublade mit Papieren auf den Fußboden. Ich kippte zwei Stühle um.

Das sah einem Einbruch schon sehr ähnlich. Ich grinste ein wenig, als ich die Schultasche meines Bruders sah. Vielleicht sollte ich die auch mitnehmen? Besser nicht, weil er das wahrscheinlich überhaupt nicht schlimm fände.

Jetzt war die Zeit für das Allerwichtigste gekommen. Ich wollte die Obstschale in meinem Zimmer verstecken, dann würde ich sie morgen aus dem Haus schmuggeln. Ich klemmte mir die Taschenlampe unter den Arm und hob die Schale vorsichtig hoch. Und dann sah ich plötzlich den Sprung. Er verlief quer über die gesamte Schale, von links nach rechts.

Ich blieb wie erstarrt stehen. Meine Hände fingen an zu zittern. Das ausgerechnet mir das passieren musste! Da hatte ich eine großartige Erfindung gemacht, um zu verhindern, dass die Schale zerbrechen würde, und dann hatte jemand anderes sie schon kaputt gemacht. Aber ich musste meinen Plan zu Ende führen. Wenn ich die Schale so stehen ließ, kriegte ich natürlich auch die ...

»Hände hoch!«

Ich bekam einen Mordsschrecken. Meine Hände schossen in die Höhe und die Obstschale flog durch die Luft. Fast wäre sie gegen die Decke geknallt und zersprang dann auf dem Fußboden in tausend Scherben. Meine Taschenlampe drehte sich wie ein leuchtender Zeiger zwischen dem ganzen Obst auf dem Boden. Und als er sich endlich nicht mehr bewegte, zeigte der Lichtstrahl genau auf das offene Fenster. Ich sah nur eine funkelnde Pistole, die auf mich gerichtet war.

Mein Herz hämmerte wie wild unter meinem Pyjama-Oberteil. Ich wollte gerade »Hilfe!« schreien, als ich den Polizisten sah, der die Pistole in der Hand hielt. Er stieg durch das Fenster ins Wohnzimmer, gefolgt von einem zweiten Polizisten. Der hielt eine große Pflanze mit hellgrünen Blättern im Arm.

Das sah schon witzig aus, aber so war es bestimmt nicht gemeint. Der Polizist sah mich wütend an und brüllte: »Du bist auf frischer ...«

»Was ist denn hier los?« Die Wohnzimmertür wurde aufgerissen und mein Vater sprang in Unterhosen ins Zimmer. In der rechten Hand schwenkte er drohend eine leere Weinflasche.

Der Polizist mit der Pflanze drehte sich zu ihm. »Wer sind Sie?«

Mein Vater schaltete das Licht an und sah sich erstaunt im Wohnzimmer um.

»Ah, schon klar«, meinte der Polizist, während er sich grinsend die hellblaue Unterhose meines Vaters ansah. »Sie wohnen wahrscheinlich hier.«

Mein Vater nickte. Sein Kopf wurde feuerrot.

Der andere Polizist steckte die Waffe weg und reichte meinem Vater die Hand. »Kommissar Taubenbote mein Name. Und das hier ist mein Kollege Fröhlich.«

Danach zeigte der Kommissar auf mich. »Wir haben

diesen Einbrecher hier in flagranti in Ihrem Haus er-
tappt.«

Plötzlich tauchte meine Mutter im Flur auf, einen
alten Besen in der Hand. »Das ist überhaupt kein Einbrecher!«, rief sie. »Das ist unser Sohn.«

Der Kommissar kniff kurz die Augen zusammen und
sah mich dann an. »Tja, junger Mann, dann hast du
deinen Eltern ja wohl einiges zu erklären.«

Kommissar Fröhlich trat ein paar Schritte zurück und setzte sich auf die Fensterbank neben den leeren Blumentopf. »Ja, und uns auch.«

Und dann habe ich ihnen alles einfach ehrlich erzählt. Von meiner Erfindung, die Schale verschwinden zu lassen. Aber nicht von dem Sprung, der schon darin war, das hätte ja doch keiner geglaubt.

Ich merkte, dass mein Vater meinen Plan eigentlich ziemlich clever fand. Er stellte sich neben mich und klopfte mir auf die Schulter. »Du hast mit deiner Erfindung auf jeden Fall herausbekommen, dass die Polizei unser Haus richtig gut bewacht.«

Das hörte der Kommissar gern. »Keine Ursache.« Er steckte die Waffe weg und stieg durch das offene Fenster nach draußen.

Kommissar Fröhlich stopfte die Pflanze mit den hellgrünen Blättern zurück in den leeren Topf. Als auch er wieder im Garten stand, steckte er noch kurz den Kopf ins Wohnzimmer. »Schließen Sie das Fenster bitte selbst wieder gut zu? Zu Ihrer eigenen Sicherheit und äh ...« Er schaute noch kurz auf die Unterhose meines Vaters. »Es kann ja auch ziemlich frisch sein.«

Meine **7.** Erfindung

Wie werde ich ein Superschüler, ohne zu lernen?

Es war Donnerstag. Und Donnerstag bedeutet in der Klasse von Herrn Breitenbeck: Diktat. Letzte Woche hatte ich ziemlich viele Fehler. Eigentlich habe ich immer viele Fehler. Erst dachte ich, die Diktate wären viel zu schwierig für uns. Aber dann fiel mir etwas Seltsames auf, nämlich dass die anderen Kinder so wenig Fehler machten.

Schließlich kam ich darauf, dass es vielleicht auch ein klein wenig an mir selbst liegen könnte. Darum machte ich mich gestern Abend endlich an die Arbeit. Dieses Mal mussten wir zwanzig sehr schwierige Wörter kennen. Wörter, die echt kein Mensch benutzt. Ich kenne nur eine einzige Person, die ab und an mal Säbelzahntiger sagt. Oder Chrysantheme oder Ginkgo oder Inbusschraube. Und das ist unser Lehrer beim Diktat!

Aber dieses Mal würde ich null

Fehler schaffen. Bis tief in der Nacht saß ich auf der Toilette und arbeitete an meiner großartigen Erfindung!

Heute Morgen war ich extra sehr früh aufgestanden. Die Erfindung war zwar schon fertig, aber alles wollte gut vorbereitet sein. Ich nahm einen spitzen Bleistift und einen dieser Blöcke mit gelben Klebezetteln.

Ich wollte nur die allerschwierigsten Wörter aufschreiben, die ich nicht konnte. Aber das waren leider alle, also musste ich total winzig schreiben.

Und wie man es mit jeder guten Erfindung machen sollte, testete ich sie anschließend noch kurz. Ich hatte vor, den Zettel auf Omars Rücken zu kleben. Omar sitzt in der Klasse genau vor mir und er wippt gern mit dem Stuhl nach hinten. Dann kann ich ihn fast berühren. Also klebte ich den Zettel auf meinen Schreibtischstuhl und setzte mich dahinter, auf den Bettrand.

Pff, der Test lohnte sich wirklich! Ich würde nämlich eine extra starke Lupe brauchen, um meine eigenen Buchstaben lesen zu können. Herr Breitenbeck blieb während des Diktats zwar immer vorn sitzen, aber wenn ich eine Lupe in der Hand hätte, würde ihm das bestimmt auffallen ...

Klopf, klopf! Meine Mutter kam herein, eine heulende Sofie auf dem Arm. »Oh, ich dachte, du würdest vielleicht noch im Bett liegen.«

»Nein, ich übe gerade fürs Diktat«, sagte ich. »Aber Sofie darf natürlich gern bei mir bleiben.«

Sofie hörte auf zu weinen und schaute mich fröhlich an.

»Warst du ein wenig traurig?«, fragte ich, während ich sie meiner Mutter abnahm.

Nö, das nicht, sagten ihre Augen. Ich wollte dir nur gern zuhören.

Ich setzte sie auf mein Bett, mein großes Kissen im Rücken. So konnte sie mich gut sehen.

»Stört sie dich bestimmt nicht?«, fragte meine Mutter.

»Gar kein Problem, ich lerne sowieso laut.«

Ich sagte zu Sofie, ich müsste zwanzig Wörter abschreiben. Das fand Sofie nicht schlimm, weil ich ihr dabei jedes Wort laut vorbuchstabierte.

Weil ich jetzt ein wenig größer schrieb, brauchte ich zwei Zettel.

Als ich fertig war, konnte Sofie mir beim Testlauf helfen. Ich klebte die beiden Zettel neben ihren Kopf auf mein Kissen und setzte mich vor sie.

Was für ein Glück, jetzt konnte ich die Wörter gut lesen. Ich wiederholte sie ein paar Mal hintereinander, weil Sofie gar nicht genug davon bekommen konnte. Karussell, Säbelzahntiger! Manchmal sah es aus, als würde sie versuchen, ihr Mündchen mitzubewegen.

Fast wäre ich zu spät zur Schule gekommen. Aber davon merkte Herr Breitenbeck nichts. Er war nur mit dem Smartboard beschäftigt.

Finn stand neben ihm. »Was machen Sie da?«

»Hier ist das Diktat drin«, sagte Herr Breitenbeck.
Er zeigte auf einen gelben Ordner auf dem Bildschirm.
»Aber ich glaube, das Ding ist kaputt, ich höre nichts.«

»Oh, lassen Sie mich mal kurz.« Finn setzte sich
vor die Tastatur und drückte hier drauf und da drauf.
Plötzlich ertönte die Stimme einer Frau aus den Boxen.
»Nimm bitte einen Stift und Papier und schreibe ...«

Finn drückte auf die Pause-Taste. »Wir können anfangen, Herr Breitenbeck.«

»Danke, Finn.« Herr Breitenbeck holte die Hefte aus dem Schrank und teilte sie aus. »Wer glaubt, heute null Fehler zu machen?«

Sofort meldete ich mich. Als Einziger.

Rick, der neben mir saß, sah mich lachend an. »Aha, hast du endlich geübt?«

»Nein, das nicht, keine Sekunde!« Ich zeigte ihm die Zettel, die ich in meiner Hand versteckt hatte. »Superhirn hat sich was Superschlaues ausgedacht«, flüsterte ich.

Herr Breitenbeck war mit dem Austeilen fertig. »Schiebt die Tische auseinander, dann sind wir so weit.«

Ich half Omar mit seinem Tisch. Dadurch hatte ich genügend Zeit, ihm zwei Mal auf den Rücken zu schlagen. Mit zwei gelben Zetteln!

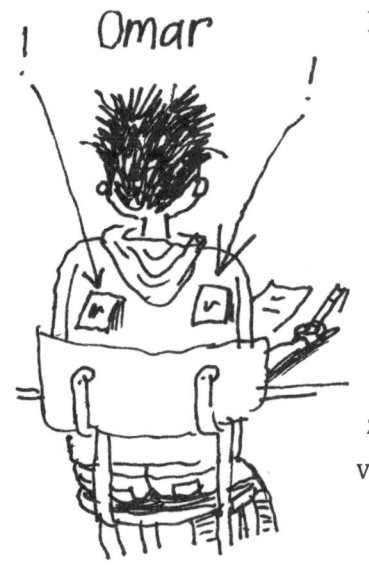

Omar

Aber gleich beim ersten Wort hatte ich ein Problem. Omar saß viel zu weit vornübergebeugt.

Ich wollte meinen Tisch gerade vorsichtig ein wenig vorrücken, als Omar die Hand hob. »Herr Breitenbeck, können wir das Fenster zumachen? Die Vögel sind so laut. Ich verstehe kein einziges Wort.«

Mannomann, ich konnte die

Wörter echt total gut hören! Aber ich konnte sie leider nicht sehen!

Herr Breitenbeck schloss das Fenster und ich wartete darauf, dass Omar sich endlich zurücklehnen würde. Aber das machte er nicht. Er blieb weiterhin vornübergebeugt sitzen, die Hände hinter den Ohren.

»Kannst du's immer noch nicht gut hören?«, fragte Herr Breitenbeck.

Omar schüttelte den Kopf. »Ich glaube, wir brauchen neue Boxen.«

Lara, die ganz vorn saß, drehte sich um. »Du kannst gern meinen Platz haben, hier kann man es gut hören.«

Omar stand sofort auf. »Wirklich? Ja, gerne!«

Er nahm seine Sachen und tauschte mit Lara. So dicht hatte Lara noch nie vor mir gesessen. Leider hatte ich im Moment ganz andere Dinge im Kopf. Ich sah, wie meine tolle Erfindung einfach so nach vorn ging. Jetzt bräuchte ich eher ein Fernglas!

Ich wollte gerade zu Herrn Breitenbeck sagen, dass ich die Frau auch nicht gut verstehen konnte, als sich die halbe Klasse zu mir umdrehte. Manche Kinder grinsten und zeigten auf Omars Rücken. Am liebsten wäre ich unter meinem Stuhl verschwunden.

Herr Breitenbeck war aufgestanden. »Sagt mir mal jemand, was hier so witzig ist, Leute? Dann kann ich auch mitlachen.«

Ich versuchte, mir was auszudenken. Aber mir fiel

nichts anderes ein, als ganz langsam unter meinem Tisch zu verschwinden. Das war nicht so clever, denn Herr Breitenbeck vermutete allmählich, dass es etwas mit mir zu tun hatte.

Plötzlich stand Lara wieder auf. »Ich glaube, alle bekommen gute Laune von diesem einfachen Diktat!«, sagte sie.

»Meinst du wirklich?«, fragte Herr Breitenbeck. Man konnte hören, dass ihm das gefiel.

Lara ging zurück zu ihrem eigenen Tisch. »Darf ich mir meinen Radiergummi noch schnell holen?« Sie wartete die Antwort gar nicht erst ab. Mit einer raschen Bewegung nahm sie ihr Etui vom Tisch, während sie mit der anderen Hand die gelben Zettel von Omars Rücken zupfte. Als sie wieder zurückging, zwinkerte sie mir kurz zu. Sie setzte sich wieder hin, als sei nichts geschehen.

Ich merkte, dass mir von innen ganz warm wurde. Das hatte sie extra für mich gemacht!

Ich beugte mich vor. »Danke«, flüsterte ich.

Als Antwort wippte sie ein wenig zurück und legte zwei zerknitterte gelbe Zettel hinter ihrem Rücken auf meinen Tisch. Herr Breitenbeck schaute immer mal wieder zu mir, also ließ ich sie schnell in meiner Tasche verschwinden.

Das Diktat wurde nochmal gestartet und in der Klasse wurde es still.

Ich beschloss auf jeden Fall die Wörter aufzuschreiben, die ich schreiben konnte. Das war gar nicht mal so

schwierig. Bei jedem Wort sah ich Sofie vor mir, wie
sie auf meinem Bett saß. Es war, als würde sie mir jeden
Buchstaben ins Ohr flüstern. Ich schrieb das Diktat in
einem Rutsch auf.

Nach dem letzten Wort schaltete Herr Breitenbeck
das Smartboard aus. »Alle, die noch etwas verbessern
möchten, können das jetzt tun.« Lara hatte ihren Stift
hingelegt. Sie hatte sich ein wenig schräg hingesetzt, so
dass ich ihr Heft gut sehen konnte. Ob sie das für mich
machte?

»So, jetzt schreibt keiner mehr!« Herr Breitenbeck
stand auf. »Gebt jetzt ab, dann korrigiere ich eure Diktate
sofort.«

Die Klasse schob die Tische wieder zusammen. Alle
sprachen noch über das Diktat.

»Ein paar konnte ich nicht«, sagte Yasmin. »Das lag
bestimmt an dieser blöden Frau mit ihrer komischen
Stimme.«

»Tja, ich wusste massig viele nicht«, seufzte Lukas.

Omar und Rick stellten sich neben mich. »Konntest
du's da hinten in der Klasse eigentlich gut verstehen?«,
fragte Omar.

Ich merkte, dass ich rot wurde, und ich murmelte:
»Ja ... äh ... das ging schon.«

Rick lachte laut und schlug Omar auf den Rücken.
»Ja, aber seine großartige Erfindung hat ihm natürlich
auch geholfen, was, Tim?«

»Also, dann wäre ich an deiner Stelle ziemlich stolz auf diese Erfindung, Tim«, meinte Herr Breitenbeck von seinem Pult aus. »Du hast nämlich alle Wörter richtig!«

Und ob ich stolz war! Natürlich nicht auf meine Erfindung. Aber wohl auf meine kleine Schwester!

Meine **8.** Erfindung

Wie wird es unter dem Bett einbrecherfrei?

»Das darf doch wohl nicht wahr sein!« Mein Vater saß mit der Zeitung auf dem Sofa vor dem Fernseher.

Jetzt brauchte ich eigentlich eine 3-in-1-Erfindung. Ich konnte weder schön auf dem Sofa lümmeln noch hielt ich die Fernbedienung in den Händen. Zu allem Überfluss bekam ich auch noch die ganze Zeitung vorgelesen.

»Steigen die Benzinpreise noch weiter?«, rief meine Mutter aus der Küche.

Papa stellte den Fernseher leiser. »Dieser Einbrecher hat schon wieder zugeschlagen. Zwei Straßen weiter. Ein neues Rad aus dem Schuppen und das Schmuckkästchen aus dem Schlafzimmer.«

»Puh, das darf doch wirklich nicht wahr sein.« Mama kam mit zwei Kaffeetassen ins Wohnzimmer und setzte sich auf die Lehne neben Papa. »Da werden die Bewohner einen mächtigen Schrecken bekommen haben, als sie nach Hause kamen.«

»Du meinst wohl, als sie aufwachten«, sagte Papa. »Sie lagen im Bett und schliefen.«

»Nein! Das darf doch echt nicht wahr sein!«
Papa stellte den Fernseher wieder lauter. Der Nach-
richtensprecher, den Mama so toll findet,

vorher

erzählte, dass das Benzin zwei Cent teurer
würde.

»Tss, siehst du das.« Mama zeigte auf
den Fernseher. »Er hat eine neue Brille.«

Ich stand auf. »Das darf doch nicht
wahr sein«, sagte ich. Und während meine
Eltern mir erstaunt nachschauten, verschwand ich aus dem Wohnzimmer.

nachher

In dieser Nacht tauchte ein neues Problem auf. Der
Einbrecher war unter meinem Bett. Jedenfalls dachte ich
das. Auf jeden Fall war er in meinem Kopf.
Mit einem Ruck war ich aufgewacht,
nachdem er mich die halbe Nacht
auf einem funkelnagelneuen Rad
verfolgt hatte, drei Goldketten
um den Hals.

Erst dachte ich, es sei
nur ein Traum gewesen,
aber ein paar Sekunden
später hörte ich ihn
tatsächlich unter meinem
Bett. Natürlich konnte ich
nicht nachsehen. Wenn ich aus dem Bett stieg, würde er
nach meinen Fußgelenken schnappen und mich mit
seinen Ketten unters Bett ziehen. Ich blieb liegen und
rührte mich nicht, dann würde er glauben, dass ich noch
schlief. Nach einer Stunde setzte ich mich aufrecht hin.
Der Einbrecher blieb echt sehr lange still unter meinem
Bett liegen. Vielleicht war er eingeschlafen?

Ich nahm den schwarzen Teddy, der schon mein Leben
lang neben meinem Kissen gesessen hatte. »Tut mir leid,
Bertus«, murmelte ich und schmiss ihn so fest ich konnte
unter mein Bett. Ich wartete auf einen Aufschrei, aber ich
hörte nichts. Logisch. Wer erschreckt sich schon vor
Bertus Bär?

Ich knipste meine Lampe an und nahm den dicken Harry-Potter-Band vom Nachttisch. Mit einem lauten Knall ließ ich das Buch vor mein Bett auf den Boden fallen. Das würde dem Einbrecher bestimmt einen Schrecken einjagen.

Und wieder passierte nichts! Er schien sehr fest zu schlafen. Ich drehte mein Laken zu einer dicken Kordel und warf das Ende um die Lehne meines Schreibtischstuhls. Der hatte Rollen und ganz langsam zog ich ihn zu meinem Bett. Ich wartete einen Augenblick, aber der Einbrecher schlief ruhig weiter. Ganz vorsichtig stieg ich mit einem Bein über den wackligen Stuhl. Mit dem anderen stieß ich mich so fest ab, wie ich konnte. Wie ein Skater schoss ich durch mein Zimmer und prallte mit einem Knall gegen die Wand.

Ich hielt den Atem an, das hier musste er einfach gehört haben! Jetzt würde sein gruseliges Gesicht bestimmt zum Vorschein kommen. Aber als nach ein paar Minuten noch immer kein Einbrecher unter meinem Bett auftauchte, zweifelte ich zum ersten Mal. Ich holte tief Luft und bückte mich, um unters Bett zu gucken ...

Nichts!

Na ja, außer Bertus. Er sah mich sauer an, den Kopf voller Staubmäuse.

Ich ging aufs Klo und während ich laut in die Toilettenschüssel pinkelte, ratterte mein Hirn auf Hochtouren.

Vielleicht war es ja wirklich ein Traum gewesen. Aber das
erhöhte ja nur die Chance, dass der Einbrecher noch
kommen würde.

Das Problem war eigentlich gar nicht so kompliziert.
Von mir aus sollte er ruhig das ganze Haus leer räumen,
wenn er nur nicht in mein Zimmer kam, während ich
schlief.

Ich holte einen großen Topf aus der Küche und griff
mir auch gleich eine Handvoll Messer und Gabeln. Aus
dem Angelkoffer meines Vaters nahm ich eine dicke Rolle
Angelschnur und sein praktisches Allzweck-Angelmesser.

Aus meinem Schrank holte ich ein frisches weißes
Laken. Mama fände es bestimmt nicht schlimm, wenn
ich da im Kampf gegen die Einbrecher zwei Löcher rein-
schnitt. Praktischerweise steckte der Haken vom Moskito-
netz noch oben in der Decke.

Nach einer halben Stunde Basteln war mein Zimmer
perfekt gerüstet gegen Einbrecher. Ich kroch wieder unter

die Decke und schlief fast sofort ein. Neben Bertus, der schon längst nicht mehr sauer auf mich war.

PENG! KLIRR! DRRRRINGELDRRRRRR!

Meine Erfindung funktionierte großartig. Der Topf mit dem Besteck, den ich oben auf den Türrahmen gestellt hatte, ratterte mit irrem Getöse auf den Boden. Und die Tür zog an der unsichtbaren Schnur, worauf ein weißes Gespenst durch mein Zimmer schwebte. Der Einbrecher hatte bestimmt einen Herzinfarkt bekommen, mein Herz jedenfalls blieb fast stehen.

Ich hörte, wie die Tür vom Elternschlafzimmer aufgerissen wurde und wieder zuknallte.

»Das darf doch nicht wahr sein!« Das war mein Vater. Er stand in seinem gestreiften Pyjama im Türrahmen und starrte auf das weiße Gespenst, das über meinem Bett wackelte. »Was ist denn hier los?«

In diesem Moment hörte ich ein seltsames Geräusch.

Und nicht nur ich. Mein Vater zeigte auf mein Bett. »Wer ... wer liegt ... äh ... darunter?«, stotterte er.

Ich schluckte und flüsterte: »Der Einbrecher!«

Mein Vater zögerte keine Sekunde. Er schnappte sich ein Küchenmesser vom Fußboden und tauchte unter das Bett. »Das darf doch nicht wa...« Es blieb still.

Dann kroch er unter dem Bett hervor und sagte lachend: »Ich glaube, dein Einbrecher hat einen kleinen Schrecken bekommen.«

Und obwohl mich das noch nicht so ganz beruhigte, merkte ich, dass ich doch ein wenig stolz war. Die Erfindung hatte gut funktioniert.

Und weil mein Vater dabei war, traute ich mich auch selbst nachzusehen.

Trash!

»Was machst du denn da?«, rief ich.

Aber Trash sagte nichts. Er lag zitternd in der hintersten Ecke unter meinem Bett und hielt den Kopf zwischen den Vorderpfoten und Unmengen von Staub versteckt.

»Der Lärm hat ihm wohl einen mächtigen Schrecken eingejagt«, sagte mein Vater.

»Ja, klasse, was?«, sagte ich stolz. »Das war meine Erfindung. Trash ist natürlich an meine Tür gekommen.«

Ich zog an der Schnur. »Guck, und das Gespenst kam auch herabgesegelt. Hat alles super geklappt.«

Papa legte das Besteck zurück in den Topf. »Das brauchst du jetzt nicht mehr, es passt bestimmt kein zweiter Einbrecher mehr unters Bett«, sagte er lachend.

»Lass das Gespenst ruhig hängen«, sagte ich, »man kann ja nie wissen!«

»Gute Nacht, mein Junge.« Mein Vater schaltete das Licht aus. »Ich hoffe, dass wir jetzt in Ruhe schlafen können.«

»Ja, das hoffe ich auch.«

Ich drehte mich um und schloss die Augen. Ich war todmüde. Aber ich konnte trotzdem nicht einschlafen. Unter meinem Bett hörte ich seltsame Geräusche.

»Mach nicht so viel Krach, Trash!«, rief ich. »Ich möchte schlafen.«

Trash sagte nichts, aber die Geräusche hörten nicht auf.

Ich legte den Kopf unters Kopfkissen. Eine Weile hörte ich nichts mehr, aber dann war es, als würde jemand unter meinem Bett piepsen. Ganz seltsam und hoch piepsen.

Mit einem Ruck schoss ich in die Höhe. Mir reichte es. Ich nahm Bertus unter den Arm und schleifte mein Federbett mit Richtung Elternschlafzimmer.

Ich krabbelte über meinen Vater und kroch gemeinsam mit Bertus in die Bettmitte. Viel Platz war da nicht, aber mit ein wenig Quetschen passte es ganz gut.

Meine Mutter öffnete stöhnend die Augen. »Das darf doch wohl nicht w...«

»Jaja, ich weiß«, flüsterte ich, »es darf doch wohl nicht wahr sein! Aber das ist es! Ich will nur schlafen.«

Meine 9. Erfindung

Wie entscheide ich mich im Supermarkt für die richtige Schlange?

»Tim? Ron? Kann einer von euch bitte noch schnell für mich zum Supermarkt laufen?«

Wenn meine Mutter das rief, sollte man sich besser ganz still hinterm Sofa verkrümeln.

Mein Bruder hatte das leider nicht nötig. Ganz im Gegenteil – er ließ sich mitten aufs Sofa fallen. Ein Brummen und ein Comicheft vor der Nase reichten, um klarzumachen, dass er viel zu viel zu tun hatte.

»Gehst du bitte schnell, Tim?« Meine Mutter zeigte sich nicht. Sie wusste genau, dass ich sie hörte. »Ich hab keinen Essig mehr.«

Und sie wusste auch, dass mir noch immer keine gute Erfindung eingefallen war, um einfach »Nein« sagen zu können!

Als ich in die Küche schlurfte, stand meine Mutter am Herd und rührte mit einer Hand in einem Topf. Mit der anderen Hand rüttelte sie an Sofies Wippe. Meine Schwester sah mich mit Tränen in den Augen an.

»Ich hab einen Einkaufszettel auf den Tisch gelegt«, sagte meine Mutter.

»Einen Einkaufszettel? Ich dachte, du bräuchtest nur Essig?«

»Ja, und noch ein paar Kleinigkeiten, die ich heute Morgen vergessen habe.«

Als ich mit dem Zettel im Flur verschwand, fing Sofie an zu weinen.

»Tim?«, fragte meine Mutter.

Ich konnte nicht »Nein« sagen. Aber das wollte ich auch gar nicht.

Im Supermarkt war total viel los. Es gab keinen Einkaufswagen mehr. Den brauchten wir aber auch nicht, denn Sofies Kinderwagen war groß genug. Ich schaffte es kaum, ihn durch die vollen Gänge zu bugsieren. Der Essig war sogar völlig unerreichbar. Eine ältere Frau hatte ihren leeren Einkaufswagen mitten im Gang geparkt. Eine riesige Einkaufstasche baumelte am Haken. Sie hatte eindeutig nicht vor, zur Seite zu gehen. Also kümmerten wir uns erst um die anderen Sachen auf der Liste.

Meine Mutter musste heute Morgen sehr vergesslich gewesen sein, denn der Einkaufszettel war ganz schön lang. Das fand Sofie überhaupt nicht schlimm, weil ich ihr ausführlich erzählte, was wir alles brauchten. »Erst die Schokostreusel.« Ich zeigte ihr zwei Packungen. »Möchtest du Vollmilch oder Zartbitter?«

Sofie sagte nichts. Sie lachte mich immer noch an.

»Dann nehmen wir Vollmilch.« Ich legte die Packung vor ihre Füßchen in den Kinderwagen.

»Jetzt hole ich mal den geriebenen Käse.« Ich winkte Sofie zu. »Nicht weinen, ja? Ich bin sofort wieder da.«

Ich ging um die Ecke und erwartete, dass sie mich sofort zurückbrüllen würde, aber es blieb still. Als ich wiederkam, sah ich, warum.

Ein alter Mann

Emulgator
(Lecithin)
Kakaomasse
Zucker
Magermilch-
pulver
Kakaobutter
Milchfett
Milch-
zucker

mit einer lustigen kleinen Brille auf der Nase stand neben ihr, die Packung Schokostreusel vor dem Gesicht. Mit freundlicher Stimme las er vor, was auf der Rückseite stand. Sofie lag mit großen Augen da und lauschte. Als der Mann mich sah, drückte er mir das Päckchen in die Hände. »Du darfst wieder!«, sagte er lachend.

Wahrscheinlich guckte ich ihn an wie ein Auto. Der Mann drehte sich um und zeigte auf seinen eigenen Einkaufswagen. »Ich bin's gewohnt, weißt du.«

Inmitten sämtlicher Einkäufe saß ein kleiner Junge. Er lutschte an seinem Daumen und hörte uns zu.

»Komm, Lukas, dann gehen wir jetzt mal zur Kasse.« Der Mann nahm die kleine Brille von der Nase und schob seinen Einkaufswagen um die Ecke.

Sofie fand es schon zu lange still und verzog ihren

Mund. Schnell las ich ihr den Schluss der Liste
vor. »Wir brauchen noch ein Glas Erbsen
und Vanillejoghurt.«

Dazu erfand ich noch
Schlagsahne aus der
Sprühdose. Das gefiel ihr.

Als wir fertig waren, sah
ich, wo all die Einkaufs-
wagen geblieben waren. Da!
In zwei langen Reihen vor den
beiden Kassen. Ich musste
schnell entscheiden, welche der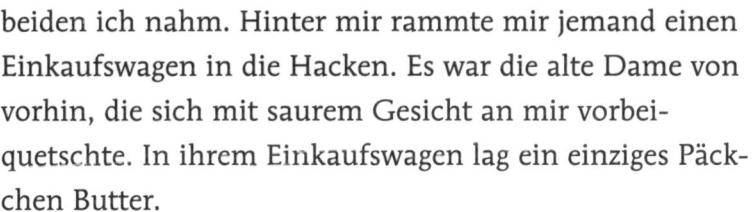
beiden ich nahm. Hinter mir rammte mir jemand einen
Einkaufswagen in die Hacken. Es war die alte Dame von
vorhin, die sich mit saurem Gesicht an mir vorbei-
quetschte. In ihrem Einkaufswagen lag ein einziges Päckchen Butter.

Ich entschied mich für die rechte Schlange. Zu blöd!
Vor mir standen lauter vollgepackte Einkaufswagen von
Leuten, die wohl schon die ganze Woche lang alle Einkäufe vergessen hatten. Oder die zu Hause einen Sohn
hatten, der sehr gut »Nein« sagen konnte, und die darum
alles selbst kaufen mussten.

Sofie fing laut an zu weinen, als ich den Einkaufszettel
wegsteckte. Schnell zog ich ihn wieder aus meiner Hosentasche. »Eine Packung Zwieback«, flüsterte ich, »und eine
Tüte geriebener Käse ...«

Unsere Schlange stand und stand. Es ging unglaublich langsam, weil die Kassiererin zwischendurch noch eine Kassenrolle austauschen musste. Und natürlich wurde auch noch jemand zurückgeschickt, um seine Bananen abzuwiegen.

Sofie stöhnte.

»Ein halbes Kürbiskernbrot«, sagte ich schnell. »Und vier Rosinenbrötchen.«

Links ging es viel schneller voran. Die grauhaarige alte Dame mit ihrem Butterpäckchen war jetzt schon fast an der Reihe. Sie stand hinter dem netten Opa mit seinem Enkelkind.

Ich musste ganz nötig aufs Klo. Nicht wegen einer Erfindung, mit der ich so schnell wie möglich aus diesem Laden herauskommen könnte. Dafür war es eh schon zu spät. Nein, ich musste wirklich total dringend pinkeln.

Sofie fing an zu weinen.

Der Mann vor mir schaute sich genervt um.

»Ein Pfund Hackfleisch«, sagte ich zu Sofie. »Aus dem Angebot.«

Mein Bruder hätte mit so einer Schlange keine Probleme gehabt. Er würde sich im Nu nach vorn brummen. Die Leute würden ihn einfach vorlassen, niemand will einen so ungeduldigen Brummer hinter sich haben.

78

Ganz plötzlich hatte ich die Idee für eine Erfindung. Vielleicht lag es daran, dass ich mich so schrecklich nach einer Toilette sehnte. Aber vielleicht kam es auch, weil ich an meinen Bruder dachte, der sich brummend vordrängen würde.

Sofie jammerte vor sich hin, während sie auf den Einkaufszettel in meinen Händen schaute. *Liest du noch weiter?*

Aber das tat ich nicht. Ich stand dort mit dem Zettel in den Händen und tat nichts.

Sofie wurde ungeduldig. Aus ihrem Murmeln wurde Gequengel: *Hörst du mich denn nicht? Was steht noch auf dem Zettel?*

Als der Mann vor mir sich wieder umdrehte, wusste ich, dass meine Erfindung gut war.

Langsam faltete ich den Einkaufszettel zusammen und steckte ihn wieder in die Tasche. Einen Moment lang war Sofie ganz still. Aber sofort danach wurden ihre Augen mindestens doppelt so groß und riefen mir zu: *Was machst du denn jetzt nur?!*

Ihre Lippen zitterten und ihre Wangen wurden knallrot. Plötzlich riss sie den Mund weit auf und fing megalaut an zu brüllen. Alle schauten sich erschreckt um. Ich wackelte ein wenig an ihrem Wagen und streichelte ihr kurz über die Nase. Das passte gut zu meiner Erfindung, denn das machte sie natürlich nicht still, im Gegenteil, Sofie kreischte nur noch lauter.

Ich hatte ein komisches Gefühl im Bauch, der Einkaufszettel in meiner Tasche brannte. »Tut mir leid«, flüsterte ich meiner Schwester in Gedanken zu. Aber ich musste durchhalten. Die Reihe vor mir wurde immer unruhiger und ich auch. Ich hatte erwartet, dass sie mich jetzt vorlassen würden, aber keiner drehte sich um. Alle wollten so schnell wie möglich raus hier.

Plötzlich sah ich, wie der Opa mit der witzigen Brille in der Hand mir zuwinkte. Er stand schon ganz vorne an der anderen Kasse.

Ich sah ihn fragend an.

Er winkte mir. »Komm nur.«

Ah, das meinte er! Schnell scherte ich aus meiner Reihe aus und düste mit der brüllenden Sofie an den beiden Staus vorbei. Kurz vor der Kasse bremste mich die Frau mit dem Päckchen Butter ab. Sie hatte sich so breit wie möglich gemacht, damit ich nicht an ihr vorbeikam. Aber der Opa half mir sofort.

»Das hier ist ein Notfall!« Er schob ihren Einkaufswagen zur Seite. »Sie hören die Sirene doch, oder?«

Sie sah uns böse an. Aber zum Glück traute sie sich nicht, etwas zu erwidern.

»Hast du deinen Einkaufszettel verloren?«, fragte der

Mann. Er wartete meine Antwort gar nicht erst ab, sondern reichte mir seinen eigenen. »Hier, nimm den solange, dann lege ich eure Sachen schon mal aufs Band. Mein Lukas schläft sowieso schon.«

Sofie brüllte noch immer wie am Spieß. Sie hörte mich nicht mal, als ich »Bananen« sagte, und strampelte die Rosinenbrötchen fast aus dem Wagen raus.

»Zweihundert Gramm Leberwurst!«, rief ich. Das half. Mit einem Ruck wurde sie still und schaute mich mit verweinten Augen an.

»Und eine Flasche Shampoo«, sagte ich lachend. »Zitronenshampoo.«

Sofie heulte noch ein paar Mal mit ganz langen Schluchzern.

Ich bückte mich und flüsterte ihr ins Ohr: »Vier Rollen Toilettenpapier.«

Sie seufzte und ihre Augen fielen langsam zu. Ich drückte ihr einen Kuss auf die nassen Wangen.

Als wir in die Küche kamen, deckte meine Mutter gerade den Tisch. »Puh, seid ihr endlich da? Wir können sofort essen, ich muss nur noch schnell den Salat anmachen.«

Ich nahm die Einkäufe aus dem Kinderwagen und legte alles auf die Anrichte.

»Gibt mir mal den Essig, den brauche ich für den Salat«, sagte meine Mutter.

»Oh!« Ich schlug mir die Hand vor den Mund. Wir

waren gar nicht mehr zu dem vollen Gang mit dem Essig zurückgekehrt.

»Vergessen!«

Meine Mutter sah mich sauer an. »Hattest du den Einkaufszettel denn nicht mit? Der Essig stand ganz oben drauf!« Sie wendete den Salat. »Ich brauche den Essig unbedingt, das schmeckt so nicht.«

Aber ich hatte wirklich keine Lust, noch mal zum Supermarkt zurückzugehen. Ich hob meine schlafende Schwester aus dem Wagen.

Zum Glück verstand meine Mutter das. Sie ging ins Wohnzimmer. »Ron, ich weiß, dass du viel zu tun hast, aber du musst einfach schnell Essig für mich holen.«

Mein Bruder brummte so laut, dass sogar Sofie einen Moment die Augen aufmachte. »Schön weiterschlafen, du Süße«, flüsterte ich. »Ron braucht meine Erfindung nicht!«

Meine **10.** Erfindung

Wie habe ich immer genug Geld für die Kirmes?

Die Kirmes ist wieder in der Stadt.
Gestern Nachmittag bin ich mit Rick,
Omar und ein paar anderen aus
unserer Klasse schon mal schnell
darübergelaufen. Lara war auch dabei.

Es wurde noch fieberhaft gearbeitet,
damit alles rechtzeitig fertig war für die
Eröffnung am Wochenende. Das Beste an
der Kirmes ist, dass man überall rumgucken
kann und es ist umsonst. Meine Eltern
mögen keine Kirmes. Ich darf zwar hin, aber ich muss
alles, was ich machen will, selbst bezahlen. »Wer kommt
dieses Jahr mit in den Supersonic?« Rick zeigte auf ein
knallbuntes Gerüst, das von einem riesigen Kran an
seinen Standort manövriert wurde.

Omar verzog das Gesicht und tat, als müsse er sich
übergeben. »Nein, danke, ich sterbe lieber ganz normal.«

Rick drehte sich zu mir. Aber ich schüttelte auch den
Kopf. Ich spürte jetzt schon ein Ziehen im Magen. »Ich

bleib bei Omar«, sagte ich grinsend. »Sonst ist er so allein.«

Lara und Yasmin standen an der Geisterbahn. Mit großen Schrauben wurde ein wilder lebensechter Gorilla über dem Eingang befestigt. »Grrm!«, machte er. Witzig, das Geräusch erinnerte mich an jemanden.

Zwischen den großen schwarzen Gorillapranken klemmte ein Schild. Darauf stand mit blutigen Buchstaben JETZT MIT ECHTEN GESPENSTERN.

»Geht ihr morgen wirklich in die Geisterbahn?«, fragte
Omar.

»Auf keinen Fall«, sagte Lara.

Yasmin kicherte. »Nur wenn du mitkommst.«

»Von mir aus«, sagte Omar, »kein Problem!«

Lara sah mich an. »Kommst du dann auch mit?«

»Klar!«, rief ich schnell.

Tja, Zeit für eine Erfindung!

Nicht, dass ich Angst vor ein paar verkleideten Puppen
im Dunkeln gehabt hätte. Nein, aber ich wusste, dass ich
keinen Cent mehr im Portemonnaie hatte!

Zu Hause ging ich sofort zu Ron, um mir ein wenig
Geld zu leihen. Aber er brummte nur, dass
er niemals auch nur einen Cent für so eine lächerliche
Kirmes ausgeben würde.

»Ah, ja, dann hast du doch bestimmt ein paar Euro
übrig, die du deinem armen Bruder leihen kannst?«,
fragte ich freundlich. Aber als Antwort brummte er bloß
wütend. Ich glaube nicht, dass das »Ja« bedeutete ...

Am Samstagmorgen musste ich der Toilette sehr dringend einen Besuch abstatten. Ich musste mir möglichst schnell eine Lösung für mein Geldproblem einfallen lassen. Wir hatten uns schon um halb drei am Eingang der Geisterbahn verabredet.

Vor der Klotür sah ich, dass da jemand schneller gewesen war. Ich wollte gerade wieder in mein Zimmer gehen, als ich in der Toilette das Handy meines Bruders klingeln hörte. Ich erwartete ein Brummen, aber stattdessen ertönte eine zuckersüße Stimme: »Hallo, hier ist Ron.«

War das mein Bruder? Ich wusste nicht mal, dass er auch normal sprechen konnte.

»Hallo Emma, toll, dass du mich fragst! Ich wollte sowieso hingehen.«

Erstaunt legte ich das Ohr an die Tür. Mein Bruder sprach sogar in ganzen Sätzen.

»Nein, überhaupt nicht, ich finde Kirmes total cool.«

Mir fiel die Kinnlade herunter. Total cool, Kirmes? War das derselbe Bruder, der keinen Cent für die Kirmes verschwenden würde?

86

Ich wollte gerade »Lügner« durch die Tür brüllen, als mir plötzlich eine großartige Erfindung durch den Kopf schoss. Ich brauchte nicht mal auf der Toilette zu sitzen, ich konnte auch vor der Toilette Sachen erfinden!

»Alles klar, Emma«, sagte mein Bruder und seine Stimme klang wie Samt. »Dann sehen wir uns um zwei Uhr am Krapfenstand!«

Schnell trat ich einen Schritt zurück.

Sofort danach wurde die Klotür aufgerissen. Mein Bruder hatte ganz rote Wangen. Aber sobald er mich entdeckte, wurde er kreidebleich.

Ich sah ihn freundlich an. »Du findest die Kirmes also total cool?« Ich streckte die Hand aus. »Fünf Euro reichen wirklich völlig, weißt du.«

Mein Bruder schaute mich an, als würde er mir am liebsten den Hals umdrehen. Aber er rührte sich nicht.

»Die Geisterbahn kann ich sehr empfehlen. Es soll dort sogar echte Gespenster geben.« Ich zeigte auf meine leere Hand. »Zehn Euro sind auch okay, wenn du's nicht kleiner hast.«

Mein Bruder reagierte noch immer nicht. Er atmete laut durch die Nase und sah mich wütend an.

»Um zwei, sagtest du?« Ich versuchte, möglichst freundlich zu bleiben. »Schön, dann kann ich Emma ja auch kurz kennenlernen.«

Plötzlich riss mein Bruder sein Portemonnaie aus der Hosentasche. »Wag es ja nicht!«, schrie er. Und mit einer

wüsten Geste schmiss er einen Fünf-Euro-Schein auf den
Fußboden.

Als ich mit Omar Richtung Geisterbahn ging, war an der
Kasse noch nichts los. »Wir könnten schon mal Karten
kaufen«, schlug Omar vor.

»Gute Idee«, sagte ich. Aber als ich auf das Schild mit
den Eintrittspreisen schaute, bekam ich einen Schrecken.

»Sechs Euro?«, murmelte ich. »Ich hab nur fünf
dabei.«

Omar lachte. »Mögen deine Eltern auch keine
Kirmes? Ich habe nur vier Euro.«

Ich schaute auf mein Handy. »Es ist Viertel vor zwei.
Und wir können nur eine einzige Karte kaufen.«

Omar bückte sich und warf einen Blick unter das
Kassenhäuschen. »Vielleicht ist heute ja mein Glückstag.«

Grrm! Einen Moment lang dachte ich, Ron stünde
hinter mir. Aber es war nur der Gorilla am Eingang. Aus
seinen Nasenlöchern stieg Rauch.

Wir schlenderten um die Geisterbahn herum. »Hast
du schon mal Geld auf der Straße gefunden?«, fragte ich.

»Oh, schon so oft.« Omar kniete sich hin und spähte
unter die Zeltwand. Plötzlich wurde sie mit einem Ruck
hochgerissen. Ein kreidebleiches Gesicht mit blutigen
Zähnen sah uns an.

Ich wollte laut schreien, aber aus meinem Hals kam
kein einziger Ton. Das Monster trat auf uns zu und hob

eine Hand. Ich dachte, es wollte nach mir greifen, und versuchte wegzurennen. Aber es fasste sich nur an die eigene Nase und zog das weiße Gesicht mit einer fließenden Bewegung ab. Vor uns stand ein lachender Mann mit schwarzen Locken. »Ihr wolltet euch doch wohl nicht reinschleichen, ohne Eintritt zu zahlen?«

Omar hockte noch immer auf dem Boden und sagte nichts. Ich schüttelte den Kopf. Auch ich konnte kein Wort hervorbringen.

»Dann ist ja gut.« Der Mann reichte uns die Hand, die in einem glänzenden schwarzen Handschuh steckte. »Angenehm, ich bin Bruno.«

Erstaunt schüttelte ich die Hand und schaute zu der Maske, die er in der anderen Hand hielt. Sogar jetzt sah sie noch ganz schön gruselig aus.

Bruno ließ sie durch die Luft kreisen. »Gut, was? Das ist meine neueste Verkleidung.«

Omar richtete sich seufzend auf. »Sehr gut. Fast hätte ich mir in die Hosen gemacht.«

»Ah, ja, so ein Zufall. Ich muss selbst auch total dringend.« Bruno schaute sich um, als suche er jemanden, und sagte dann: »Könntest du vielleicht ganz kurz für mich einspringen?«

»Ich?« Meine Stimme zitterte noch ein bisschen.

»Ja, du«, sagte Bruno, »oder dein Freund. Und mach dir keine Sorgen, es ist überhaupt nicht schwer.«

Er hob die Zeltwand wieder an. Das Licht fiel auf

einen runden Tisch, auf dem ein gefährlich aussehendes
Messer lag. Um den Tisch herum standen ein paar Stühle,
von denen einer besetzt war.

Bruno nahm seinen schweren Umhang ab und zeigte
auf die leeren Stühle. »Du brauchst dich nur dort hinzu-
setzen und wenn ein Wagen vorbeifährt, wedelst du kurz
mit dem Messer. Das reicht schon.«

Omar sah mich an. »Traust du dich?«

Ich zweifelte noch immer.

»Ich bin echt nur ein paar Minuten weg«, sagte
Bruno. »Und du verdienst dir natürlich zwei Freikarten.«

Ich riss ihm den Umhang aus den Händen und zog
mir die Maske über den Kopf.

»Viel Erfolg!« Und weg war er.

Als ich in die Geisterbahn kroch, fühlte es sich viel
spannender an, als ich erwartet hatte. Jetzt, mit ge-
schlossener Zeltwand, war es dort drinnen stockfinster.

Ich stieß fast gegen den Tisch, an dem
schon ein Stuhl besetzt war.

»Arbeiten Sie auch
hier?«, flüsterte ich
dem Mann zu, der einen
schwarzen Hut trug.

Er erwiderte nichts.

Als ich mich vorsichtig
neben ihn setzte, sah ich
auch, warum. Es war eine

Schaufensterpuppe. In seinen Augen
glühten rote Lämpchen.

Ich nahm das gefährliche
Messer vom Tisch. Es war aus Plastik!

In der Ecke ganz hinten wurde es
einen Augenblick hell. Ein Wagen fuhr durch
die Klapptüren. Ich hörte ein Mädchen kreischen.

Ich versuchte mich nicht mehr zu bewegen. Der
Wagen polterte quietschend in allerlei Kurven durch die
Geisterbahn.

An der Decke baumelten fluoreszierende Skelette.
Zwischen ihnen hingen Fledermäuse, die leise piepsten.
Von meinem Tisch aus sah alles gar nicht so gruselig aus.
Aber mitten in der Geisterbahn öffnete sich plötzlich ein
Sarg. Eine finstere Gestalt schoss in die Höhe.
Und da musste ich mir doch schnell die
Hand vor den Mund schlagen, um nicht
aufzuschreien. Das Mädchen kreischte
die ganze Kirmes zusammen. Aber sie
wurde wieder still, als der Junge neben
ihr seinen Arm um ihre Schulter legte.
»Du brauchst keine Angst zu haben«,
sagte eine fröhliche Stimme.
»Das ist alles nicht echt.«

Erstaunt schaute ich zu
dem Wagen, der geradewegs
auf mich zusteuerte. Es war,

als würde ich den Jungen kennen ... Dann plötzlich sah ich es. Ron! Neben dem Mädchen saß Ron, mein eigener Bruder! Ich hatte seine Stimme ohne Brummen nicht mal erkannt.

Und auf einmal hatte ich eine fantastische Idee. Es war nicht mal eine echte Erfindung. Eigentlich nur eine gute Idee zur einmaligen Verwendung.

Der Wagen mit meinem Bruder kam immer näher. Das Mädchen kreischte nicht mehr. Aber als sie ganz in der Nähe von meinem Tisch waren, zeigte sie mit zittrigem Arm in meine Richtung. »Guck mal, da sitzen zwei ...«

»Ach was, Emma, alles in Ordnung«, sagte mein Bruder lachend. »Das sind nur Puppen.«

Ich wartete noch einen winzigen Moment, bis sie ganz nah waren. Dann sprang ich auf, stieß einen enormen Schrei aus und fuchtelte wild mit dem Messer herum.

Ich hörte einen spitzen Mädchenschrei und gleichzeitig das laute Brüllen meines Bruders. Danach wurde es still. Ich blieb stehen wie ein Denkmal und ließ den Wagen an mir vorbeifahren. Ich wollte meinem Bruder noch rasch zuwinken. Aber ich sah nur das fröhliche Gesicht eines blonden Mädchens hinter einer Zuckerwatte.

Ich streckte ihr die Zunge raus. Laut lachend duckte sich Emma und tat, als wolle sie sich verstecken. Neben meinem Bruder. Der kauerte nämlich unter dem Lenkrad.

Quietschend glitt der Wagen zum Ausgang. Dort sprang eine große Lampe an. Und kurz bevor er durch die Klapptüren verschwand, tauchte der Kopf meines Bruders wieder auf.

Einen Moment lang blieb es still in der Geisterbahn, dann ertönte plötzlich dröhnendes Gelächter. Bruno hob die Zeltwand hoch und winkte mich lachend zu sich.

Omar stand neben ihm. »Alle Achtung, du warst vielleicht gut, Mann! Ich hab alles gesehen.«

Bruno schlug mir kräftig auf die Schulter. »Nix schöner, als so einen kleinen Großkotz anständig das Gruseln zu lehren, was?«

Ich erzählte ihm lieber nicht, dass es mein eigener großkotziger Bruder war.

Bruno drückte mir zwei Freikarten für die Geisterbahn in die Hand. »Hier, die hast du dir wahrlich verdient.«

Omar und ich rannten sofort zur Vorderseite des Zeltes. Da stießen wir fast mit Lara und Yasmin zusammen.

»Puh, da seid ihr ja endlich!«, rief Yasmin. »Wir haben schon Karten!«

»Wir auch.« Ich wedelte mit den beiden Freikarten.

Lara zeigte auf den Eingang der Geisterbahn. »Wir haben deinen Bruder gesehen.«

»Wir auch«, sagte ich grinsend.

Wir gingen zu den Wagen. Ich sah, dass

mein Bruder und Emma gerade ausgestiegen waren. »He, Ron, wie war's in der Geisterbahn?«

Mein Bruder schaute mich kreidebleich an. Er wollte weitergehen, aber seine Freundin blieb stehen.

»Echt total cool!«, sagte sie kichernd. »Es gibt da drinnen echte Gespenster. So was von gruselig! Wir haben geschrien wie am Spieß, was, Ron?«

»Grrm!«

Ah, zum Glück. Er konnte es noch immer. Danach zog er Emma weg von uns Richtung Supersonic.

»Kommt ihr noch?« Yasmin und Lara saßen im vorderen Wagen und winkten. Sie fuhren schon langsam an.

Schnell sprangen wir hinter den Mädchen auf unsere Sitze. »Mal sehen, ob's noch so ein echtes Gespenst gibt«, sagte ich.

Omar schlug mir den Arm um die Schulter. »Ja, schön gruselig, mit einem Riesenmesser oder so!«

Wir glitten unter dem Gorilla hindurch in die Geisterbahn.

»Grrm!«

Meine **11.** Erfindung

Wie erledige ich meine Arbeit, ohne zu arbeiten?

Es war Samstagmorgen. Meine Eltern fuhren zum Einkaufen. Mit dem Fahrrad!

Wenn mein Vater das Auto stehen ließ, konnte das nur eines bedeuten. Ich sollte es waschen!

Weil mein Vater seine Fahrstunden gern in einem sauberen Wagen gibt, fährt er jeden Morgen kurz durch die Waschanlage. Aber am Wochenende verkündet er oft, ich könne ja auch mal was tun für mein Taschengeld. So ein Sparstrumpf! Bei mir glänzt das Auto nämlich genauso schön, bloß für viel weniger Geld. Das sieht mein Vater natürlich auch. Darum habe ich mir letzte Woche die Ich-krieg-das-Auto-einfach-nicht-richtig-sauber-Erfindung ausgedacht! Ich hatte die Vogelkacke beim Schrubben sorgfältig ausgelassen. Und für den letzten Spülgang nahm ich Wasser aus den Pfützen.

»Ich krieg das Auto wirklich nicht sauber«, sagte ich mit einem tiefen Seufzer. »Am besten, du fährst damit durch die Waschanlage. Ich glaube, es hat was mit dem sauren Regen zu tun.«

Aber mein Vater hatte mich natürlich längst
durchschaut.

»Hm, dann spülst du einfach noch mal mit
sauberem Leitungswasser nach!«

Als ich nach einer zusätzlichen halben Stunde
Schrubben endlich alle Schmutzstreifen vom Straßen-
wasser wegbekommen hatte, sah das Auto aus wie neu.
Das fand mein Vater auch. »Vielleicht solltest du es
beim nächsten Mal gleich so machen!«

Ich hatte mich nicht getäuscht, auf dem Esstisch lag
ein Zettel für mich: *Wir kümmern uns um die Einkäufe.
Kümmer du dich um unser Auto!*

Das war alles. Nicht: *Würdest du bitte unser Auto
waschen?*

Nein, nur: *Kümmer du dich um unser Auto!*

Nicht mal mit einem Fragezeichen. Einfach: *Kümmer
du dich um unser Auto!*

Überhaupt: *unser* Auto. Die ganze Woche über war es
sein Auto, aber wenn es gewaschen werden musste, war es
plötzlich unser Auto.

Ich trottete zur Garage, um die Putzsachen zu holen.
Es war schönes Wetter, also trottete Trash mit.

»Ich hab jetzt keine Zeit, Trash, heute
musst du mal mit dir selbst
Gassi gehen.«

Aber Trash hatte

einen besseren Plan. Er streckte sich hinter dem Auto aus
und legte sich schön in die Sonne.

Ich sah mir das Auto genau an. Niemals würde
die Taube mein Lieblingstier werden. Leider dachten
unsere Nachbarn anders darüber. Fast alle hatten
Tauben. Und Hunde. Weil Tauben und Katzen
nicht so gut zusammenpassen. Die Tauben saßen
nicht in Käfigen. Sie durften schön frei herumfliegen,
damit sie schön frei herumkacken konnten. Ich kann
es nicht beweisen, aber ich hatte das Gefühl, dass die
Tauben vor allem über unserem Auto frei herumkackten.

Ich befestigte den Schlauch am Wasserhahn.
Gegenüber lief Daan von nebenan vorbei, mit Moppel
an der Leine.

»Musst du auch?« Er zeigte auf
unser Auto.

Ich nickte und ließ zwei Eimer
volllaufen.

»Ich muss unser Auto auch
gleich waschen«, sagte Daan. »Aber
erst muss ich noch kurz eine Runde
mit ihr gehen.«

Moppel ist ein kleiner schwarzer
Pudel mit rosa Schleife auf dem Kopf.

»Viel Spaß«, rief ich. Damit meinte
ich vor allem die Runde mit dem
Schleifchenpudel.

Ich gab einen guten Schuss Reinigungsmittel ins Wasser und fing an, die Autoscheiben zu putzen. Kris vom Metzger kam auf seinem Skateboard um die Ecke gefahren. Zottel, sein langhaariger Hund, stand vor ihm auf dem Brett. »Gute Arbeit, Tim«, sagte Kris lachend. »Hilfst du mir gleich auch noch kurz?«

Ich sagte nichts. Mir reichte ein Auto voll harter Taubenkacke wirklich. Vielleicht war es praktischer das Auto erst ganz nass zu machen. Ich nahm einen vollen Eimer und schüttete den Inhalt mit viel Schwung auf das Auto. Das jedenfalls wollte ich. Aber ich zielte nicht richtig und das Wasser landete als Riesendusche auf Trash. Er bekam

einen mächtigen Schrecken und schaute mich mit triefenden Augen an. *Hast du mich etwa absichtlich geweckt?*
Fast sah es aus, als grinse er hinterhältig,

als er seinen nassen Hundekörper ausstreckte. Ich hätte es wissen müssen, aber sein Trockenschüttler kam trotzdem unerwartet. Nach ein paar Sekunden war Trash wieder ganz trocken. Aber ich war patschnass. Und nicht nur ich, er hatte auch das halbe Auto nass gespritzt.

»Trash!«, rief ich. »Du bist auch ein Erfinder!«

Einen Moment lang sah er mich erstaunt an. Dann sprang er wild um mich herum. Vielleicht hatte er mich verstanden, denn er stieß ein paar Mal gegen den anderen Wassereimer.

»Okay, wenn du meinst«, sagte ich lachend. Ich nahm den zweiten Eimer und lockte Trash auf die trockene Seite des Autos. Da bekam er wieder die volle Ladung ab. Das fand er überhaupt nicht schlimm. Schnell schüttelte er sich wieder trocken. Jetzt war das Auto von allen Seiten nass.

Ich holte noch mehr Wasser und zusammen sorgten wir dafür, dass keine einzige Stelle des Autos trocken blieb. Trash war ganz aus dem Häuschen und sprang aufgeregt um das Auto herum. Das Autoshampoo schäumte auch sehr gut in seinem Fell.

Plötzlich schoss eine kläffende schwarze Kugel mit rosa Schleifchen über die Motorhaube. Moppel wollte gern beim Wasserfest mitmachen und nutzte das Auto wie eine echte Rutsche. Sie sah schon bald aus wie ein begossener Pudel.

»Das ist cool, du lässt die Hunde das Auto waschen!«, rief Daan. Er schleppte einen halben Eimer Lauge herbei. »Eine erstklassige Erfindung ist das!«

»Danke«, sagte ich stolz. Es war natürlich besonders toll für mich, dass ich als Erfinder immer bekannter wurde. Auch, wenn ich heute ein wenig Hilfe von meinem Hund bekam.

Moppel und Trash hatten einen Riesenspaß. Laut bellend sausten sie hintereinander her. Das hörten auch die anderen Hunde aus der Nachbarschaft. Aus allen Richtungen rannten sie herbei. Allen voran natürlich

Zottel. Der will immer überall spielen. Kris kam ein paar
Minuten später an. Mit einer großen Beule am Kopf.

Pluto kam auch, der Labrador der Nachbarn von
gegenüber. Und sogar Opa Brandsmas Dackel half mit.
Er sorgte dafür, dass das Auto auch von der Unterseite
richtig sauber wurde. Er konnte als Einziger unter dem
Auto hin und her rennen, ohne sich zu ducken.

Das Wasserfest war großartig. Alle wurden pitschnass,
aber das Auto strahlte blitzsauber in der Sonne.

Gerade als ich aufräumen wollte, ertönte plötzlich am
Ende der Straße ein enormes Gebrüll. »Wotan! Hierrr!«

Ich wusste natürlich sofort, was das bedeutete. Und
ich brauchte es den anderen auch nicht zu erklären.
Innerhalb weniger Sekunden waren alle verschwunden.
Erst meine Freunde und gleich danach auch die Hunde.

Außer Trash und mir. Er schaute verängstigt zu dem
riesigen Rottweiler, der mit großen Sätzen auf ihn zugerannt kam, um seinen besten Freund zu begrüßen. Ich
schaute zu unserer Haustür. Die war viel zu weit weg,
das schafften wir nie. Also entschied ich mich für das
Auto. Ich riss die Tür auf und Trash landete mit einem

eleganten Sprung auf dem Beifahrersitz. Ich konnte ihm gerade noch hinterherspringen. Blitzschnell zog ich die Autotür hinter uns beiden zu.

Keine Sekunde später tauchte Wotans großer Sabbelkopf vor dem Fenster auf. Als er Trash sah, schleckte er die Autoscheiben von oben bis unten ab. Mein Hund versteckte sich schnell unter dem Sitz. Wotan rannte Runden um das Auto und leckte immer wieder mit seinem großen rosa Waschlappen über die Scheiben. Eine Weile später erschien auch der Kopf seines Herrchens vor dem Fenster. »Wirklich, er tut nichts, er will bloß spielen.«

Ich nickte ihm freundlich zu. »Wir haben nicht so viel Lust zum Spielen.«

Zum Glück verschwand der Mann wieder. Und er zerrte Wotan mit sich.

Sicherheitshalber blieben wir noch ein wenig länger im Wagen sitzen. So lange, bis mein Vater und meine Mutter zurückkamen.

Mein Vater stellte das voll beladene Rad gegen den Schuppen. Danach inspizierte er das Auto von allen Seiten. Als er ein wenig Geifer von der Windschutzscheibe rieb, sah er uns plötzlich im Auto sitzen.

Ich kurbelte das Fenster herunter. »Wir ruhen uns ein bisschen aus«, sagte ich.

»Klar«, sagte mein Vater. »Du hast ja auch mächtig reingehauen.«

Ich legte Trash die Hand auf den Kopf. »Aber nicht nur ich allein, ich hab ein wenig Hilfe bekommen.«

»Das dachte ich mir schon«, sagte mein Vater. »So sauber war das Auto noch nie! Nur die Scheiben haben ziemliche Schmierstreifen!«

Meine **12.** Erfindung

Ich brauch doch nicht alles ganz allein zu erfinden, oder?

Heute Morgen stand ich wie immer um sieben auf. Aber ich würde unmöglich pünktlich in der Schule sein.

Vor ein paar Monaten war ich auch ständig zu spät in die Klasse gekommen. Aber damals hatte es einfach an mir gelegen.

Jetzt nicht!

Ich wühlte mindestens eine halbe Stunde in meinem Schrank herum, bis ich etwas zum Anziehen fand. Endlich hatte ich ein altes T-Shirt entdeckt. Schwarz mit weißen Streifen auf den langen Ärmeln. Das war letztes Jahr mein Lieblingsshirt gewesen. Lara kannte es also noch nicht.

»Oh, nein, Tim, du willst doch wohl nicht in diesem alten Fetzen zur Schule gehen, oder?«

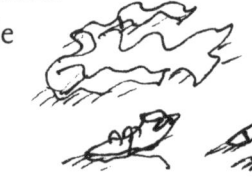

Meine Mutter stand im Türrahmen und musterte mich kritisch. »Das Shirt war dir schon letztes Jahr viel zu klein.«

»Das trägt man jetzt so«, murmelte ich. »Und außerdem habe ich nichts anderes zum Anziehen.«

Wie blöd kann man sein! Das war echt das Allerblödeste, was ich sagen konnte.

Meine Mutter legte mir den Arm um die Schulter. »Dann gehen wir heute Nachmittag schön zusammen shoppen, ja?«

Schön shoppen? Mit meiner Mutter? Sie meinte wohl zockeln! Einen ganzen Nachmittag hinter meiner Mutter herzockeln!

Ich stürzte mich an ihr vorbei auf die Toilette und kam viel zu spät zur Schule. Ohne Erfindung, wie man einem Zockelnachmittag mit meiner Mutter entkommen konnte.

Ich hatte mir aber immerhin noch ein paar gute Ausreden ausgedacht, warum ich zu spät war. Aber Herr Breitenbeck fragte gar nichts. Ich war übrigens nicht der Einzige. Lara kam erst in die Klasse, als wir schon längst rechneten.

»Sieh mal, hier fangen wir an.« Meine Mutter zog mich in ein Kleidungsgeschäft mit viel zu knalligen Farben. In einer Ecke stand ein großer Mann in einem glänzenden Jackett. Nicht nur sein Jackett tat mir in den Augen weh.

Auch seine glänzenden Schuhe und vor allem seine lächerlich weißen Zähne.

»Kann ich Ihnen helfen?« Sein Gesicht sah aus wie ein Foto aus einer Zeitschrift. Nur seine blitzenden Zähne bewegten sich.

Ich wollte sagen, dass wir uns gern selbst ein wenig umsahen, aber meine Mutter zeigte sofort auf mein T-Shirt. »Er braucht wirklich was Neues zum Anziehen.«

»Ja, das habe ich schon gesehen.« Diese Zähne machten einen glatt schneeblind. »Kommen Sie doch mal mit, ich habe da ein paar sehr nette neue Polo-Shirts reinbekommen.«

Polo-Shirts! Ich krempelte meine nicht mehr so langen Ärmel noch mal richtig auf. Was immer auch passierte, ich brauchte wirklich kein nettes neues Polo-Shirt!

Aber meine Mutter war offenbar anderer Meinung. »Komm, Tim. Ein Polo-Shirt steht dir bestimmt gut.«

Wir kamen an einer Frau vorbei, die zu einem geschlossenen Vorhang sprach. »Schatz, bist du dir sicher, dass du dieses Kleid haben möchtest?« Das Gesicht der Frau kam mir bekannt vor. »Wir können auch erst noch in ein anderes Geschäft gehen.«

Mit Schwung wurde der Vorhang aufgerissen und ein Mädchen in einem knallgelben Kleid kam aus der Umkleidekabine. Jetzt sah ich, weshalb mir die Frau so bekannt vorgekommen war. Es war die Mutter von ... Lara!

Ich war so erstaunt, dass ich fast einen Kleiderständer umgerannt hätte. Vielleicht lag das nicht mal an Lara, sondern an dem Kleid, das sie trug. Ich hatte Lara noch nie in einem Kleid gesehen. Und ehrlich gesagt fand ich eine Jeans auch viel besser als dieses gelbe Teil. Sie sah aus wie ein Kanarienvogel.

»Ich will dieses Kleid, was anderes will ich nicht.« Lara stolzierte wie eine echte Dame zu dem großen Spiegel mitten im Laden.

»Guck nicht so angewidert«, flüsterte sie mir zu, als sie an mir vorbeiging. »Du glaubst doch nicht im Ernst, dass ich dieses Kleid haben will, oder?«

Lara bewunderte sich nur ganz kurz im Spiegel. Dann drehte sie sich um und rief: »Das hier muss es sein!«

Wahrscheinlich machte ich ein mächtig dummes Gesicht. Lara stellte sich neben mich. »Grässlich, was?«, sagte sie lachend.

Ich traute mich kaum zu nicken.

Dann flüsterte sie mir ins Ohr: »Du bist nicht der einzige Erfinder! Pass mal auf.«

Sie ging zu ihrer Mutter und bückte sich. »Kannst du sehen, was es kostet, Mama?«

Ehe ihre Mutter auf das Preisschildchen in Laras Nacken schauen konnte, rief der grinsende Sonnyboy: »Dieses wunderbare Kleid kostet nur 195 Euro!«

Ich sah, dass Laras Mutter fast umkippte. Ihr Gesicht wurde ganz weiß. »195 Euro?«, stotterte sie. »Äh ... vielleicht sollten wir ... äh ... dann doch noch ein Jahr warten mit den neuen Sachen.«

Lara ging sofort zurück in die Umkleidekabine. »Das habe ich doch heute Morgen schon gesagt. Ich brauche überhaupt nichts.« Sie drehte sich noch kurz um, den Vorhang schon in der Hand. »Aber dann können wir vielleicht noch einen Eisbecher essen?«

Laras Mutter ging schnell zur Tür. »Ich warte draußen, Lara.«

»Juchhu!« Der Vorhang wurde blitzschnell zugezogen. Der Sonnyboy schaute wütend hinter Laras Mutter her.

Es war, als hätte meine eigene Mutter davon überhaupt nichts mitbekommen. Sie stand an einem Kleiderständer und hielt ein blaues Poloshirt hoch. »Guck mal, Tim, das hier würde dir gut stehen!«

Aber ich beachtete sie gar nicht. Ich starrte auf ein großes Poster in einer Ecke des Ladens: *Qualitätsanzüge in allen Größen. Passende Krawatte gratis!*

Langsam ging ich darauf zu. Es waren Anzüge in sämtlichen Farben. Ob ich mich traute? So eine geschniegelte Hose mit einem Jackett und einem glatt gebügelten Oberhemd?

Ich schaute auf das Preisschild: 249 Euro!

Ich griff nach einem Bügel mit einem schwarzen Anzug und einer roten Krawatte. »Ich will den hier, Mama!«

Ein paar Minuten später ging ich mit Lara zusammen aus dem Laden. Meine Mutter war schon mal vorgegangen, um auch für uns Eisbecher zu bestellen!

»Ich wusste gar nicht, dass du auch Erfinderin bist?«

Lara antwortete nicht. Sie sah mich an und lächelte lieb. »Cooles Shirt hast du da.«

Ich zog mit beiden Händen daran. »Ist es nicht zu kurz?«

»Auf keinen Fall, das ist cool so.«

»Oh ja?«

»Ja, ich glaube schon. Und wenn nicht, haben wir das jetzt erfunden!«

René van der Velde wurde in Friesland in den Niederlanden geboren und hat erst als Grundschullehrer gearbeitet, bevor er anfing Bücher zu schreiben. »Meine ersten zwölf Erfindungen« ist sein erstes Buch auf Deutsch. Er starb im Februar 2015.

Georgien Overwater hat an der Kunstakademie in Arnheim studiert und seither viele tolle Kinderbücher illustriert und sogar bei einem Zeichentrickfilm mitgearbeitet. Heute lebt und arbeitet sie in Amsterdam.

Andrea Kluitmann lebt und arbeitet in Amsterdam. Seit 1992 übersetzt sie Literatur, Graphic Novels, Drehbücher und Sachtexte aus dem Niederländischen. Sie gibt auch Workshops und hält Vorträge.